高效管理7堂课

郑一群 编著

Gaoxiao Guanli
7 Tangke

图书在版编目(CIP)数据

高效管理7堂课/郑一群编著.—成都:西南财经大学出版社,
2009.12
ISBN 978-7-81138-607-3

Ⅰ.高… Ⅱ.郑… Ⅲ.企业管理 Ⅳ.F270

中国版本图书馆 CIP 数据核字(2009)第241180号

高效管理7堂课

郑一群 编著

责任编辑:张 岚
封面设计:杨红鹰
责任印制:封俊川

出版发行	西南财经大学出版社(四川省成都市光华村街55号)
网　　址	http://www.bookcj.com
电子邮件	bookcj@foxmail.com
邮政编码	610074
电　　话	028-87353785　87352368
印　　刷	四川森林印务有限责任公司
成品尺寸	148mm×210mm
印　　张	4.25
字　　数	100千字
版　　次	2010年1月第1版
印　　次	2010年1月第1次印刷
印　　数	1—2000册
书　　号	ISBN 978-7-81138-607-3
定　　价	16.00元

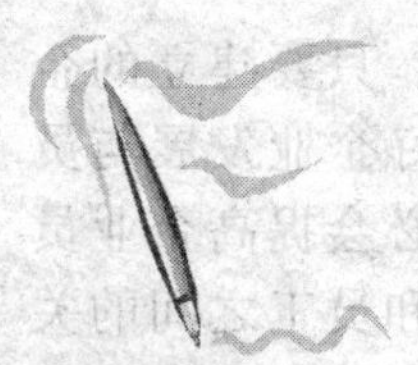

前言

崛起的民族、成熟的企业、功成名就的职场人士，之所以能取得今日的成功，都是和他们过去的经历分不开的。回顾过去，他们最初都是平凡、普通的。究竟是一种什么精神和管理理念帮助他们把昔日的平凡转变成今日的不平凡呢？

事实上，不但民族需要一种精神和理念来指导自己的发展，企业和它的员工更需要一种管理理念来指导自己的运营与发展。成熟的企业管理理念，可以有效地规避市场和行业的风险，可以帮助企业的员工做出许多改变企业以及个人命运的不平凡之事。这样看来，只要拥有一个正确合理的理念，不平凡之人也可有惊天动地之举。

从企业管理本身来看，我国的企业管理理念出现于20世纪80年代，经过几十年的探索，企业管理已经成为新经济条件下中国企业建设的重要组成部分，成为企业生存和发展的内在推动力。

企业管理的发展是一个长期的过程。因为管理本身涉及工作意识、工作态度、专业技能、创新精神、人际关系、企业诚信、执行能力等诸多方面，而这些要素的形成都需要一个归纳总结、培训指导、慢慢领悟、逐步运用的一个过程。

从员工的角度来看，企业与员工的关系取决于企业管理理念。强化企业凝聚力，可以增强员工的归属感。形成良好的企业管理理念是处理企业和员工关系的重要方法。只要建立的企业管理理念符合企业的发展，并能够妥善处理好企业发展与员工个人之间的关系，这样的企业管理理念就势必会提高企业员工各方面的能力，帮助他们成长。而且，企业和员工之间的关系的基础是互惠互利，如果失去了这个平衡，这种关系就不可能维持长久。处理好企业和员工的关系是企业实现赢利的基础和保证，也是员工获得报酬和实现自我价值的保证。

另外，企业领导者对构筑成功的企业管理理念也具有不可替代的作用。在管理学理论提到的企业职能——计划、组织、领导、控制中，领导是一个重要因素。领导者通过其敏锐的观察力，认识到企业里所有人的心理状态以及客观的困境，再通过口号、行动，形成一个共同的远景蓝图，让大家采取一致的行动，形成一种文化，形成一种发展的力量。而这个力量通过企业长期的经营实践，在员工中形成大家共同拥有的一种理想、信念、行为准则，并最终逐渐发展成一个企业真正的管理理念。

纵观国内外优秀的企业管理理念，大都折射出其创业领袖的个人信念、价值观、人生观和世界观。领导者的风格、精神，以及其经营理念的传播和贯彻，极大地影响着企业各方面的行为，对企业长期发展以及员工的职场命运都是至关重要的。美国新港造船和码头公司的创办人杭亭顿曾经在 1866 年说过这样一段话："我们要造好船。如果可能的话，赚点钱。如果必要的话，赔点钱。但永远要造好船。"直到 1987 年，他的这段话还被其所在公司的副总裁引用，并铭刻在公司最显眼的地方，成为该公司的一个文化和信仰。

企业管理理念作为一种新的管理理论，在我国经历了引进、传播、探索、实践的过程。在经济文化日益发展的今天，现代企业不仅是一种机械性的组织，更是一个团结协作的学习组织。企业管理理念作为文化教育力的依托，对于增强企业自身的竞争力、提高产品附加值、提升企业形象的意义越来越大。在企业经营的过程中，传统的企业管理理念正在不断变革。

企业的运营离不开人，企业发展的根本也在于人。与传统企业管理理念注重内部等级身份明显不同，现代的企业管理越来越强调人有感情和文化知识，企业与员工是一种平等的关系。因此从企业的角度来说，企业的发展迫切需要培养和储备优秀和稀缺的人才，并降低对特殊人才的依赖程度。从员工的角度来说，要不断地提高自身素质和能力，使自己成为企业需要的优秀人才。只有二者相互配合，才能求得共同的发展。而现代企业管理理念就是沟通二者的那个桥梁。

对于员工而言，无论做什么事情，无论在什么样的岗位，都要时刻坚持自己企业的理念。不要用任何借口来为自己开脱或搪塞，完美地完成每一个工作是不需要任何借口的："任何借口都是不成立的，在责任和借口之间，选择责任还是借口，体现了一个员工的工作态度"。

本书精心挑选了国内外成熟的企业管理理念，配上一些企业成功的案例，并加以点评。通过本书，你将找到企业发展的新方向、探寻到适合自己企业的新发展思路。这些都是无数卓越的企业管理者通过长期的工作实践得来的真知灼见，是长期以来的智慧结晶，值得所有管理人员细细品读。

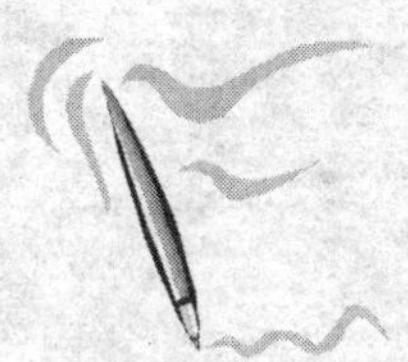

目录

意识管理：培养良好的工作意识

态度管理：保持积极的工作态度

技能管理：掌握全面的专业技能

创新管理：勇于开拓的创新精神

意识管理
培养良好的工作意识

仁心待人，先义后利

燕京啤酒厂于1980年在北京顺义潮白河畔的一片废墟上诞生。经过20多年全厂上下的共同努力，1993年该厂组建了啤酒集团。1997年，燕京啤酒被国家工商管理局认定为“中国驰名商标”；2002年，被评定为“中国名牌”。当时，燕京啤酒的无形资产已达到61.59亿元，成为亚洲第一大啤酒厂，在世界啤酒行业排名第15位。

作为一个在国内和国际都享有骄人声誉的国际化大型啤酒集团，近三十年来，燕京一直十分重视企业管理理念的建设和

企业精神的培育，从而大大增强了企业的凝聚力，增强了燕京的市场竞争能力。这使燕京的发展不仅速度快、步子稳，而且质量高、效益好。

“仁心待人，先义后利”一直被燕京啤酒视为最重要的管理理念。同时，它也是燕京啤酒广大员工在实际工作和为人处世中的一个重要原则。这个理念使燕京人受益良多，也使企业获得了更大的利润，被大家广为推崇。

企业要实行“仁心”管理，就要求企业领导者拥有一颗真诚的心。燕京的领军人物李福成既是一个“有责任感的实干家”，又宽厚、仁慈、严以律己、宽以待人。他非常关心员工，从 1982 年担任副厂长起，每年除夕都在车间和工人一起吃年夜饭，从未间断过。同时，李福成还要求领导班子成员要学会逆向思维和形象思维，以德服人，得民心，借民力；员工要相互理解，相互配合，同心同德，共谋发展。

燕京把“先义后利”作为企业以及员工的工作信条，不因小利而失大义，处处为顾客着想。有一年夏天，到燕京拉酒的车辆从院里排到院外，有的客户等好几天才能拉上一车酒。罐装车间满负荷生产，仍供不应求。燕京规定每月中旬必须停产一天进行消毒灭菌，许多客户得知此事后，纷纷要求不停产消毒，而燕京不但坚持了这一制度，还对当天客户的出车费用给予一定的经济补偿。这样，到燕京拉酒的车辆反而更多了。

燕京处理这一事件的举动，说明它遇事能先坚持保证产品优良品质，再考虑让企业获取的利益。并且，关键时刻，燕京能够舍弃自身利益来保证客户的利益，是“先义后利”的典型之举。事后，销售商纷纷表示：买燕京啤酒心里踏实，因为燕京确实是在为消费者着想，质量有保证。

随着竞争的日益激烈，就会出现恶意竞争行为，啤酒行业也不例外。燕京坚决反对这样做，同时严格自律。燕京的领导

者认为，低价位、搞促销的方式不是严格意义上的营销，而是在自杀。这样做还扰乱了市场，也给国家税收造成了损失。扰乱了别人，也毁灭了自己，这是一种企业发展的倒退。燕京在面对这一市场现象时，采取了一个既行之有效又顾全大局的方法——调整产品结构，满足不同消费者的需求，实现市场最大化和效益最大化。

燕京深深体会到，一个企业的发展，离不开社会各界的支持。为了回报社会的关怀，燕京对一些公益活动和教育事业给予了极大的支持。建厂以来，燕京出资上亿元赞助城市建设、教育事业、文化体育活动等。

1995 年 10 月，燕京在兼并华斯啤酒集团后，发现华斯啤酒集团还有罐存的 1 400 多吨啤酒，这些啤酒与燕京啤酒的口感、质量差异很大。此时，有人建议用充二氧化碳的方式把口感遮掩一下再罐装销售出去。李福成坚决反对这种不符合企业“仁心待人，先义后利”宗旨的做法。

数十年来，燕京的管理者一直在企业经营上坚持“仁心待人，先义后利”的原则，无论是对待客户还是经销商都坚持用这种意识来指导企业的行为，员工也时刻坚守这一做事原则。

总结几十年的企业经验，燕京认为，企业员工的工作意识直接体现和决定着整个企业的管理理念，影响着一个企业的荣辱兴衰，企业绝对不能忽视这一点。因此，“仁心待人，先义后利”渐渐成为燕京集团重要的企业管理理念，也成为了燕京获得成功的法宝。

重视所在的团队

1928年9月，保罗·高尔文兄弟以750美元收购了芝加哥图尔特公司的全套B型整流器生产线及设备。摩托罗拉公司最早的产品是整流器和收音机，最初的名称是“高尔文制造公司”，直至1947年，才正式更名为“摩托罗拉公司”。后来，摩托罗拉公司分别在军事、航天、商业等多个领域的通信产业取得骄人成绩，并建立了自己的半导体工厂，还开始开发消费类电器。保罗的儿子罗伯特·高尔文自从1959年到上个世纪末执掌摩托罗拉的帅印，带领摩托罗拉进军国际市场，并使之成为世界一流的公司。

作为一个国际化的大型企业，摩托罗拉的发展和壮大经过了几代领导者和员工的奋斗。在企业不断壮大的同时，根据自身的经验，它也形成了较为成熟的企业文化，其中“重视团队的作用”就是其十分得意的经验总结。正是因为摩托罗拉上上下下都坚持了这一企业管理理念，才打开了企业和员工双赢的大好局面。

团队运作在摩托罗拉的发展中充当了最重要的代步工具和清道夫。在这个过程中，摩托罗拉组织了一系列的团队活动。在这些活动中，“顾客满意团队比赛”最值得称道。

摩托罗拉的前副总裁兼参与管理计划处处长吉尼·辛普森曾这样评价这种活动：“开始设计这项比赛时只是希望能使大家更加认同团队工作，并借此机会表扬优秀团队。但是，它渐渐地展现出自己的生机。为了加入比赛，各个团队开始团结协作共同寻找并解决问题，其结果是员工变得更主动地关注顾客满

意度与产品质量。”

在这个过程中，摩托罗拉的领导者高尔文的个人魅力也起了很大的作用。在高尔文的支持和鼓励下，员工们开始对这个比赛变得狂热，并且纷纷自发加入。据统计，在1994年，全公司参与团队活动的员工人数高达53 000人。这个数字几乎是当时总员工数的一半。但是，一个优秀的团队，不应该仅仅只有一个大英雄，而应该人人都是英雄。一个企业不仅仅需要高层那么几个英雄人物，更需要形成一个强有力的团队，也需要普通员工的团队精神。

狂热的团队比赛给摩托罗拉带来了巨大的效益：某无误差团队建立了一套永久的生产流程组合，每年为公司节省700万美元；慕尼黑的“艺人”团队减少不良率达500%，交货周期减半，产品销量增加290%；NML的“闭嘴”团队最终测试的产能增加109%，测试成本降低20%，改善可目视不良率达1 600%。

如今的社会已经不是靠单枪匹马打天下的时代了。个人的能力再强，如果没有团队精神作依托，迟早也会以失败告终。事实证明，摩托罗拉推行的“重视团队的作用”的企业管理理念，给企业带来了巨大的经济效益。企业好了，员工各方面的待遇也就有了相应提高。面对如此优秀的双赢管理理念，摩托罗拉有什么理由不去大力推广呢？

团队合作是一门精深的人际关系学，要依靠别人，更要学会与人协作。做事情讲究的是有力一块儿使，有成就一起分享，懂得合作之道的员工总能做到“双赢”。无论是一支足球队、一个企业、一个研发团队还是一支军队，成员的合作无间对于团队的成功都至关重要，没有哪个成功的团队不需要合作。许多重大成果的产生往往来自团体，善于合作、具有团队精神的员工取得成就的机会更大。总之，在企业里，员工之间的团队合作应该是永不停止的。

现代社会的竞争，就是团队的竞争。真诚合作的团队精神是企业成功的保证。一个企业只有拥有了一流的团队，才能做出一流的业绩。

团队意识不容忽视

从 1975 年最开始的卖程序设计语言，到 20 世纪后期出售操作系统，再到 21 世纪向零售店出售各种应用软件产品，从美国国内到国际市场，微软不断成熟和壮大。从最初的 3 个人到 3 000人，再到今天的数万人，微软始终保持着公司早期的结构松散、反官僚主义的微型小组文化。这些文化特性促成了微软的团队文化，使得微软成为一个程序员工作的优秀平台。

事实上，真正的团队合作必须以别人“心甘情愿与你合作”作为基础，团队合作是一种永无止境的过程。合作的成败取决于各个成员的态度，而维系合作关系却是每一个员工责无旁贷的工作。

在微软的任何一个团队中，都流传着这样的话：“没有永远的老板与员工。老板与员工在一起，不仅是一起工作，更是一起分享成功与失败、快乐与悲伤。”这表现出了微软开放随和的工作作风及其公司员工良好的工作意识。

总体上来看，微软的团队是以项目建设需要为依据。项目结束了，这个团队也就解散了，团队成员相互之间只是暂时存在领导与被领导的关系。多年前的下属成为自己后来的领导的

事情比比皆是；而且正因为这种现象不鲜有，大家都习以为常，再次合作也不会产生任何问题。微软形成开放随和作风的另一个因素是这个行业的特点：IT 行业要求的知识面太宽、知识更新速度太快，一个人只能是某个方面的专家，而且还是需要不断充电的专家，而一个项目的成功需要很多方面的工作。因此专家小组的成员也常常要在工作中学习，从有经验的人那里学习，大家互通有无。

由此可以看出，微软所奉行的团队协作模式对员工个人的素质有一定的要求。成员除了应具备扎实的专业知识以外，还要有较强的团队合作能力。这种合作能力，有时甚至比团队里员工的专业知识更加重要。

以团队精神著称的微软公司在做产品研发时，有超过 3 000 名开发工程师和测试人员参与，写出了 5 000 万行代码。如果没有高度统一的团队精神，没有全部参与者的默契与分工合作，研发工程根本无法完成，自然也成就不了微软公司在全球的霸业。

另外，微软所实施的这一员工团队协作的模式，直接促成了微软的团队文化：不喜欢大量的规则、组织、计划，强烈反对官僚主义的 PC 程序员聚集在一起，遵循“组建职能交叉专家小组”的策略准则，在公司的授权下自己定义自己的工作，相互间“同呼吸、共命运”。微软“重视团队意识”的企业管理理念为微软实现几十年的辉煌打下了坚实的基础，激发了员工内心的协作精神。团队的力量帮助大家实现工作目标、获得个人价值，团队沟通让微软员工在企业内部获得了社交需求的满足。

大公无私的团队合作精神，不仅会为企业和员工带来好处，还会为我们的下一代带来好处。为了给我们的子孙建设一个更好的时代，我们应该为追求生命中由善意合作

所带来的更美好事物作好准备。

当今时代是一个知识经济的时代，这样的时代越来越需要团队合作能力。人是靠精神力量生存和发展的，因此人的理念决定了他的生存状态。企业也是如此——由无数人的个人精神，融汇成一种共同的团队精神。这种精神，就是一家企业兴旺的原动力。

要想取得成绩，只发挥“以一当十”的干劲还不够，还必须提高自己的团队合作能力，使整个团队发挥“以十当一”的功效。

同样，一个高效的团队，它的成员也一定具有互助精神，能够把团队的目标置于个人的目标之上，乐于一起工作并帮助他人取得成功。一个优秀员工的价值，除了独立完成工作的能力外，更重要的是和他人共同完成工作的能力。

时刻强化安全意识

江苏华电扬州发电有限公司（以下简称“扬电公司”）位于江苏省扬州市东北郊，始建于1958年，现有员工数千人。该企业曾先后获得“中央企业先进集体”、“全国模范职工之家”、“全国企业文化优秀奖”、“全国电力行业QC活动优秀企业”、“全国电力行业标准化先进集体”等荣誉称号，在我国电力企业中有着突出的成绩。

扬电公司的一个非常重要的企业管理理念就是“强化超前防范，严格过程管理”。该企业要求企业全体员工时刻把安全工

作作为重中之重，严密防范，严格管理，并不断创新对员工的教育、检查、防范、激励手段，以零违章、零缺陷确保零事故，不断刷新安全纪录。原扬电公司总经理顾干对此曾有精辟的总结：“企业实现了安全生产，员工利益才能得到基本保证，才能沉下心来谋事、集中精力干事。这是最根本的‘以人为本’。”

该公司曾经先后发生二死一伤、锅炉“四管”频繁爆漏等事故。发生事故时，企业的员工都全身心投入到抢修工作中，但事故还是使企业效益滑坡、人心浮动，企业形象也降到了最低点。虽然公司上上下下齐动员，发挥集体的智慧，采取了相应的应急措施，短期内扭转了生产安全方面的被动局面，可是这种短期的应急措施毕竟不是解决安全隐患的长久之计。该公司努力吸取教训，深入思考这个问题，才逐渐确立了“强化超前防范，严格过程管理”这一理念。

为此，公司制订了“以人为本，预防为主，全员参与，持续改进”的工作思路以及安全管理“规范化、标准化、科学化”的要求；紧紧把握人和设备两个核心要素，结合安全性评价，不断建立、创新和完善安全管理机制，先后制订和修订完善了安全工作标准、安全监督管理制度、安全技术管理制度等一系列制度。同时，公司下属的各检修分公司加大设备缺陷管理、加强质量管理考核，坚持“谁检修谁负责、谁验收谁负责”和质量出问题“谁签字谁负责”，把公司每一个员工的安全意识充分调动起来，力争小缺陷不过班、大缺陷不过天，绝不让隐患演变为事故，再给企业带来任何损失。

扬电从实际碰到的问题中提炼出时刻强化安全意识的企业管理理念，在指导运行、检修的基础上，不断丰富安全管理的内涵，将安全管理的内容延伸到人身、技术、意识、设备、交通五大领域，并注重把安全生产刚性管理与安全文化的柔性功效有机结合起来，大力培育“预防为主”的安全意识，组织安

全巡回演讲、安全知识擂台、安全文化长廊、征集安全合理化建议、发起安全签名承诺等多种寓教于乐的活动。

同时，扬电在班组全面推行的因人而异、灵活多变，跨工种、跨班组、跨部门，渗透到每项具体工作、每个岗位的安全劳动互保活动中，构筑起全员安全“防火墙”；借助“全员安全大讨论”、“三个想一想”、“做合格员工，分担发展压力”等一年一个主题教育活动的开展，引导员工查管理上的不安全环节，挖思想上的不安全根子，找行为上的不安全苗头，排技能上的不安全短板。在浓郁的安全文化氛围中，员工的安全责任意识、安全技能和安全防范能力得到不断提高。

扬电公司的每个一个员工都对“安全是第一工作、安全是第一责任、安全是第一效益”谙熟于心，做到了工作前有危险点预控分析，工作中将安全措施落实到位，工作后有安全评价小结。一系列安全生产精细化、人性化管理措施的实施，形成了“人人保安全，事事讲安全”的安全生产长效管理格局。

如今，扬电公司已长期保持了安全生产无事故，安全纪录、发电量连年创历史新高，锅炉“四管”防磨防爆迈上新水平，生产安全处于可控、受控状态，安全纪录屡屡刷新。本质安全型企业带给企业员工的不仅仅是人身、设备安全的保障，更重要的是造就了一个稳定的工作环境，为扬电公司树立企业形象、提高企业核心竞争力创造了必要的条件。

事实证明，一个企业如果培育出了成熟的企业管理理念，这个理念势必会给企业带来深远的影响，对企业的员工也会产生相应的积极影响。扬电公司时刻强化企业员工安全意识的企业文化，不但给该企业带来了良好的业绩，增强了企业的生命力，更为广大员工提供了一个相对安全稳定的工作环境，塑造了全新的企业形象。

一个优秀的企业管理者，一定要时刻强化自己的安全意识。只有保证了人员的安全，才会为企业创造出一个稳定和谐的工作环境。在这样一个良好的前提下，企业才能谋求更大的发展，员工个人才能尽显才能，“英雄”才能找到一个稳定的用武之地。

环保节能意识无止境

近年来，扬电公司把环保和节约作为该企业一个重要的管理理念，坚持以“节能、环保、经济”为目标，以精细化管理为手段，大力开展“建设节约型企业”的活动，强化员工环保和节约意识，充分挖掘节能潜力，全方位实施节能降耗，积极发展循环经济，走出了一条“科技含量高、经济效益好、资源消耗低、环境污染少”的新型工业化路子，促进了企业的可持续发展。

一方面，扬电公司成立了“建设节约型企业”活动领导小组及办公室，运用各种载体和阵地大力倡导节约文化，开展“厉行节约，从我做起——建设高效节约型扬电”系列活动，营造“人人关心节能降耗、个个为经济运行献计献策”的浓厚节约氛围，使节约意识深入人心；还制订了许多节能方面的管理制度，进一步明确了节能工作目标。通过有效的激励和约束，扬电公司形成了节约资源的长效机制。此外，扬电还加强了电、水、气（汽）、油以及焊条、电缆、钢材等的管理，严堵生产成本的“滴、漏、冒、跑”，积极开展修旧利废活动，坚决杜绝办公设备“不停机”、公共区域“长明灯”、“长流水”现象，确保

了生产成本的可控和受控。

随着扬电公司“环保节约”的企业管理理念的逐步深入和企业员工的共同努力，企业节约各种成本上千万元，有效降低了各种运行成本，为社会节约了大量能源，也为环保作出了突出贡献。

另一方面，扬电公司通过加大企业的技术改造，来降低能源损耗；坚持“科技兴企”的方针，充分运用现代先进设备管理成果和科学技术，对设备进行治理、挖潜改造；全面排查设备存在的隐患，开展技术攻关，不断提高设备的健康水平、运行可靠性和经济性。

扬电公司分别在节煤、节电、节水、节油这些方面出台了许多行之有效的好政策。扬电公司的员工也积极配合企业的这一管理理念，尽职尽责地做好节约能源的本职工作，把环保节能的企业文化落到实处、落到细处。这一全员的集体配合充分体现出了扬电公司员工的良好素质和安全意识。

另外，扬电公司还按照“减量化、再利用、资源化”的原则，大力发展清洁生产、循环经济，对生产过程中产生的灰、渣、脱硫石膏等固体废弃物加强综合开发利用，积极推进废水、废气资源的循环式利用，提高资源综合利用效率，塑造了“绿色扬电”的企业新形象。

一般来说，发电厂都会产生很多的粉煤灰等废弃物。如果不好好利用这些资源，将会为企业带来巨大的经济损失，也会为社会环境带来更多不良后果。扬电公司面对这一长期累积下来的疑难问题，作出了很大的努力。他们充分利用这些资源，先后对机组的干出灰系统进行技术改造，将除尘收集的粉煤灰全部回收，直接通过干出灰系统输送至灰码头，用于水泥添加剂等市场再利用，使其变废为宝。投资数百万元安装粉煤灰分选系统，不仅提高了粉煤灰用量，而且实现了粉煤灰分级销售，

提高了产品的附加值。扬电公司还积极扩展粉煤灰的其他用途，与其他公司合作，将这些废弃资源进行再利用，创造出了新的经济价值。

扬电公司的这些举措不但缓解了等级灰灰源紧张的问题，提高了细灰产量，还减轻了灰场压力，提高了机组发电安全可靠性，还为社会环保作出了巨大的贡献。

和全球一样，中国的气候与环境已经发生并将继续发生重大变化。气候变暖已远远超出了一般意义上的气候问题和环境问题，对我国经济社会发展构成了十分严峻的现实威胁，而且这种威胁仍将持续并不断加剧。每一个企业乃至每一个员工都要把节能减排作为重要任务，在加快企业自身经济发展的同时，为子孙后代营造一个良好的生存空间和发展环境。

扬电公司的这一企业管理理念不但解决了我们当今面临的环境日益恶化的社会问题，更为企业带来了丰厚的利益回报。这正是一名优秀企业管理者应该具备的管理方略。

节省就是赢利

由王永庆一手建立起来的台塑集团，堪称台湾众多家族式企业里成功的特例，也是台湾最成功的经营团队。王永庆被台湾的企业界誉为“经营之神”。王永庆的成功秘诀就是建立了一种清晰有力的企业管理理念。优秀而独特的企业管理理念，是企业发展壮大、立于不败之地的根本保证。哈佛商学院的一项

研究表明，一个企业本身特定的管理理念，是影响企业业绩的深层次原因。

王永庆作为台塑集团的最高决策人，他的一言一行无不代表着这个企业的特点，他的一举一动也对其员工起着表率作用。他虽然是拥有数十亿美元财富的超级富豪，但一直以勤俭著称。他对自己企业员工常讲的一句话是："多争取一块钱的生意，也许要受外在环境的限制；但节省一块钱，可以依靠自己努力，就等于净赚一块钱。"就这样日积月累，台塑集团逐渐树立了自己鲜明的企业文化，那就是"节省就是赢利"。

在台塑，工人戴的手套如果掌心磨破了，员工就会把手套换戴在另一只手上，这样有洞的地方就到了手背上，又可以继续使用。台塑集团的员工出差，一律住在各厂区营业处的招待所，一切吃住皆在所内解决。这样既可以省钱，又方便员工处理公事。王永庆在美国新泽西州有一幢高级住宅，内有网球场、乒乓球桌、游泳池等设施。每当员工出差到此地，王永庆便指定他们在该处安歇，这样也可节约一笔企业的支出。

再举个简单的例子，每个在台塑集团工作的员工都知道这样一个规矩，即："各单位之间文书往来的信封不可用完即丢，使用 30 遍才能报废；信封上有 30 个空格，每次使用时，填上发文单位和收文单位，一次填一格，直到填满。"

王永庆本人无论是在公司还是家中，都极为俭朴。一次，王永庆因为长期锻炼身体的效果非常好，腰围缩小了，平常的西装显得太宽松，他的夫人就请裁缝到家里为他量尺寸。裁缝本以为他要做几套新西装，谁料王永庆从衣柜里拿出五套旧西装，要师傅把腰身改小。他还说："旧西装只是松了一点，料子还好好的嘛！何必浪费钱呢？"

王永庆的朋友见他和他的公司都如此节俭，便禁不住劝起他来："以你现在的财富，生活不愁，何必还那么委屈自己呢？"

王永庆却解释道："我们累积心血经验，好不容易建立了一个基础，有了一点点成就。有了一些钱也许应该享受一下，可是事业虽然是个人创造的，和社会的关系却是很密切的。个人的观念错误了，影响整个社会的发展，就不再是个人的事了。"他还说："即使是先进国家的经营者，企业有了基础，也是一再扩展，没有听说赶快安排自己享受的。这究竟是什么原因呢？当然原因很多，但主要因素是经营管理还没有达到合理化。企业是社会的，不是个人的，如果能了解这一点，就不会允许为了自己的享受而阻碍企业的发展了。"

从以上鲜活的例子中足以看出，王永庆和他的台塑集团不但把"节省就是赢利"这个意识作为该企业一个重要的管理理念，更把这一企业文化落实到了他们的工作中，落实到了每个人心里。正是因为他们都具备了这样一种节约意识，才加速了台塑集团发展的脚步，并创造了台塑集团今天的辉煌。

一个人在事业取得了一点成绩之后，真正把持住个人生活的原则和底线是一件很不容易的事。现在，在事业上取得一定成绩的人为数不少，但是，他们中的大多数只是昙花一现。原因究竟是什么呢？原来这些人一旦成功，便挥霍无度，香车美女，豪宅盛宴，将"勤俭持家"的奋斗经验忘得一干二净。这样的企业或员工都难以获得长远发展。

俗话说："由俭入奢易，由奢入俭难。"企业发展是一个漫长而艰辛的过程，可挥霍财富却往往非常快、非常容易。"俭以养德"，只有在企业成功之后，全体员工共同继续保持创业时的勤俭节约，才能使企业永远不被社会淘汰。

人人要有经营意识

联想集团成立于1984年，由中科院计算所投资20万元人民币创办，创办者只有11人，到今天已经发展成为一家在信息产业内多元化发展的大型企业集团。联想集团主要生产台式电脑、服务器、笔记本电脑、打印机、掌上电脑、计算机主板、手机等商品，其研发中心分布在中国的北京、深圳、厦门、上海等地，以及日本的东京、美国北卡罗来纳州的罗利。联想集团在全球有将近两万名员工。从1996年开始，联想电脑的销量位居中国国内市场首位。目前联想的总部设在纽约，还同时在中国北京和美国的罗利设立了两个主要运营中心。通过自己的销售机构、业务合作伙伴以及与IBM的联盟，新联想的销售网络遍及全世界。

联想集团经过20多年的发展，不断总结自身经验，并及时结合其他企业的成功经验，创立了一套具有自身行业优势、符合企业发展特点的优秀的企业管理理念。联想集团提倡所有员工都要自觉培养经营意识，不把自己仅仅看成一个普通的打工者，要以老板的心态去对待自己的每一项工作。

任何企业要想谋求发展，就都得讲究效益；而要获得最好的效益，就必须要有经营意识。联想集团从昔日一个不知名的小企业，发展到今天享誉国内外的资产雄厚的大型企业，主要依靠的就是时刻讲求效益，注重投入与产出的企业经营方针。联想的发展如此，联想的每一个员工也是如此。联想集团所设定的企业管理理念要求每个员工都要有经营意识，做到会当家、能理财。这种经营意识其实并不难懂，就是要千方百计地提高产出与投入之比。

具体来说，经营意识从两方面来要求：一是要“开源”，二是要“节流”。“开源”就是指利用资源与优势去拓展业务，赚更多的钱，如利用联想电脑在内地的渠道资源来发展 QDI 板卡业务，同时利用 QDI 在海外的销售网络为联想电脑打开和扩展未来的国际市场等等。“节流”就是指在自己的工作岗位上更好地节省企业开支。例如，总经理在外开会中午吃盒饭、打印材料双面打印、西安 LTS 几十位总经理坐火车来回等等。联想的员工能够做到时刻提醒自己这些事情是不是值得做、是不是该这样做、是不是还有更好的方法，既能够为企业省钱、省力，又节省个人的工作时间。

英特尔总裁安德鲁·格鲁夫曾经说过：“不管你在哪里工作，都别把自己当成员工，而应该把公司看成自己开的。事业生涯除了你自己之外，全天下没有人可以掌控，这是你自己的事业。”这句话为职场上的打工者提了个醒：对待工作就要像企业的老板一样承担起责任，把企业的发展看成自己的发展，把企业的兴衰看成自己的兴衰。

联想集团实行的这一企业管理理念，恰恰印证了这个道理。在联想集团中，如果哪个员工不具有这种经营意识，是很难受到部门负责人的赏识以及重用的。而且，这些理念都是联想内部人人皆知的；若有人不知道或者做不到，那他也就不是一名合格的联想员工。

联想集团的这一企业管理理念，充分调动了企业员工的主人翁精神，使联想的每位员工在自己的工作中都能够时刻为企业的利益着想，积极地工作；不但为企业节省了许多不必要的开支，更为企业的发展贡献了才智和力量。

联想的经验告诉我们：良好的经营意识，能够帮助一个普通的员工成长为有责任感的好员工。俗话说，你承担的责任越大，你的成就也就会更大。对员工个人而言，优秀的经营意识，也体现了一种积极的工作态度。这是在工作中不可或缺的要素，对职场发展有着很大的帮助。

客户意识要贯穿始终

企业文化是企业经过长期的生产实践，培育起来并且共同遵守的宗旨、价值观、行为规范的总称。一个成功的企业文化，必然是一个包罗万象的系统性的文化。作为已经取得了一个又一个巨大业绩的国际化科技大公司——联想集团，其企业文化也并不是单一的，而是多方面的。正是这些优秀的企业文化，帮助联想集团不断完善自身、不断增强实力。所以，联想集团的另一个不得不提的企业文化就是“客户意识”。联想要求每一个员工都要在自己的工作中把客户意识贯穿始终。

联想认为，要想取得丰厚的利润，成为国际化大公司，就必须树立起强烈的客户意识。那么，帮助联想集团创造一个又一个佳绩的“客户意识”文化，究竟包括哪些具体内涵呢？联想的员工又是如何在自己的岗位上体现这一文化的呢？

联想倡导的客户意识具体体现在以下四个方面：

第一方面是对待最终客户。比如在联想产品的运输过程中，对包装箱出现的印痕和锈迹，员工一定要正确地和客户解释，至少要考虑到这些问题；在送货上门时，要坚持做到及时和有效；在软件故障维修、解答问题的过程中，更要对客户十分耐心地解释公司的服务政策；在研发中对整个产品设计思想的考

虑是站在客户的角度，还是站在企业自己这方面，等等。这些都涉及直接客户。

第二方面是对待合作伙伴。如在发货运输上面，是否能及时地为客户考虑，而不是仅仅从公司的费用、成本上考虑；在商务红利率测算上，是否能讲求信誉；代理协议中的有关条款是否能公正地对待代理商，而不霸气；在与代理商的联系上，是否能及时有效地多沟通。

第三方面是对待部门间的合作。如是否能够主动、积极而不推诿、懈怠；在撰写文件时是否能做到文意明确，让对方理解发，并且易于接受；电子邮件的处理是否及时，等等。

第四方面是上下级的关系。上级与下级的关系实际也体现了一种互为客户的关系。其一，上级对下级：如工作任务的布置是否合理、对待下级提出的请求能否及时满足等。其二，下级对上级：如在上级提出要求时，是否能把个人的想法表述清楚，能够让上级在作出决定的过程中有一个充足的依据。

后两方面是关于内部客户意识的。联想集团首席执行官杨元庆对公司内部树立互为客户的观念有一个自己的分析理解："你这个部门、你这个岗位有多大贡献、能创造多大价值取决于你有没有客户、有多少客户以及你的客户的满意度。如果谁都不求你做事了，那么你就失去存在的意义了，这就是我们新的价值观。我们每一个部门、每一个岗位都应该重新来审视：我如何为客户做工作？按这种价值观，公司内部各个部门都是互为客户的关系。"

一个成功的企业要有每一年、每一天都在进步的目标。大力提倡客户意识是帮助国内外许多大公司取得成功、步入卓越的重要企业文化，这也是联想集团以及联想员工成功的法宝。

联想集团告诉我们：一个企业要发展，一个员工要进步，就要时刻把客户记在心间，把客户当成我们永远的朋友。每一个员工都代表着一个企业。员工1%的失误，对客户而言，就是100%的损失。衡量员工乃至企业是否成功的一项重要标准，就是我们是否能够让客户满意，以及满意程度如何。具备正确的客户意识其实并不难，重要的是，如何将客户意识具体落实到企业一点一滴的工作实践当中去。这是对一个企业员工的重要考核项目，也是一名优秀的企业员工最应该重视的内容之一。

变废为宝的意识必不可少

著名的哈佛商学院曾经发表了这样一项研究成果：一个企业本身特定的管理理念，是影响企业业绩的一个深层次原因。台塑集团始终十分注重发展具有自己特色的企业管理理念。王永庆作为台塑集团的创始人，他的一个巨大成功就是为台塑集团总结建立了一个清晰有力、富有企业自身特点的企业管理理念。“变废为宝的工作意识”，就是其根据企业自身特点而精心总结出的一个成熟的企业管理理念。

作为台塑集团创始人的王永庆，始终重视厨余垃圾再利用工作。他认为这不仅仅是一种可贵的环保意识，而且对废物进行再度利用还可以为企业带来意外的经济收获。所以，他把这项内容归纳总结为自己企业的一项重要的企业管理理念，要求台塑集团的每一个员工在自己的工作岗位上时刻保持变废为宝的工作意识。

王永庆知道以前农家一般都是以厨余来养猪，他提出了回收厨余养猪的建议，不过后来养猪户却强烈反对此做法。在饱受批评和攻击之后，王永庆把厨余养猪的建议演变成了厨余堆肥的建议。后来，这受到了大家的普遍认可，大大节省了一笔可观的成本。

王永庆始终十分关注关于厨余垃圾回收方面的工作，而且他凡事不做则已，一做就要做到最好。为了彻底解决好厨余回收工具这个大问题，他自掏腰包花了五六亿元台币购置了七百万个厨余桶，分送给各个家庭，仅在台北市就发放了七十多万个厨余桶。

王永庆投资上百亿，按照台塑制订的环保科技规划分别在基隆、桃园、台中、台南、屏东、台东、花莲七地设立了厨余处理厂。台塑集团回收厨余之后，将这些厨余垃圾送到台塑环保科技各地的处理厂。经过高温发酵杀菌的程序，这些厨余被做成一袋一袋固态的有机肥料。据使用过台塑有机肥料的人说，台塑用厨余做的有机肥料养分高，肥得连杂草都长得特别快。

台塑集团废物回收的举动，首先可以减少垃圾的数量，为社会环保作贡献。其次，可以节省处理垃圾的成本。例如只要垃圾一减少，处理的人员就会减少，而人力也会节省很多。再次，可以使这些有限的资源得到循环再利用，把回收的废物处理干净。这些废物就可以得到再次使用，也可以减少许多制造成本。最后，废弃物品的资源回收也可以节约我们有限的社会资源，是一项造福子孙后代的大事业。

王永庆曾经语重心长地说："厨余回收事业，只要能做到零掩埋、零焚化，不赚钱都没关系。"让台湾重新恢复山明水秀，为社会的环保事业作出贡献，是王永庆最大的梦想；而他一手筹划的厨余回收体系，在台塑全体员工的共同努力下，正在发挥着巨大作用。

台塑集团的王永庆在自己宣布半退休后，仍然十分关注企业的废物回收工作。台塑环保科技总经理施重德是少数随时会接到王永庆电话的高级主管之一，因为厨余垃圾回收是王永庆高度关注的工作内容。废物回收不但可以利己，也可以利社会；不但可以利员工，更可以利企业。所以，于公于私，变废为宝的工作意识，都应该是每一个企业员工必须具备的。

态度管理

保持积极的工作态度

保持高度的工作热情

比尔·盖茨是微软公司创始人。他本人就是个充满热情的人，也喜欢在热情中高效率地工作。在他看来，一个成就事业的员工，最重要的素质就是对工作的热情，而不是能力、责任感或其他，虽然这些能力也是优秀员工不可或缺的。他的这种理念，逐渐成为微软企业管理的核心，像基石一样支撑着微软王国在 IT 世界傲视群雄。

目前，厌职情绪和缺少工作热情是员工中十分普遍的现象。据美国权威调查机构的数据，有 50%的人都对自己的工作有不

同程度的厌倦和不喜欢。一项由中国人民大学和新浪网新闻频道联合实施的调查显示，有近七成的上班族“不和谐”地工作着，认为自己的工作没有什么意思，在工作中难有热情。

针对职场中的许多类似的现实问题，再结合微软公司以热情为核心的企业管理理念，微软提出，微软的优秀员工应该认同如下价值观：

正直诚实；对客户、合作伙伴和新技术充满热情；直率地与人相处；尊重他人并且助人为乐；勇于迎接挑战，并且坚持不懈；严于律己，善于思考，坚持自我提高和完善；对客户、股东、合作伙伴或者其他员工而言，在承诺、结果和质量方面值得信赖。

事实上，员工的热情是可以相互传递和感染的。与充满热情的人士为伍，感受他们的魅力，感受他们对人生和工作的理解追求，企业也会变得热情起来。从微软公司今天所取得的卓越成绩来看，微软员工富有热情的工作态度，确实给企业带来了巨大的效益，同时也使微软员工自身得到了能力上的飞跃。由此可见，选择与公司价值观一致的人，就是微软的热情持久不衰的一个秘密武器。

微软公司在招聘员工时有一个很重要的标准：被录用的人首先应是一个非常有热情的人，对公司有热情，对技术有热情，对工作有热情。你也许会觉得奇怪，微软怎么会喜欢招聘这样的员工？微软的一位人力资源主管道出了其中的真相：“我们不能把工作看成几张钞票的事，它是人生的一种乐趣、尊严和责任。只有对工作拥有热情的人才会明白其中的意义。”

在微软公司里，既有年纪轻轻、在这个行业涉猎不很深但很有热情、很有想法的年轻人，也能看到头发已经开始发白、正趴在地上画图的高级工程师，还有很多人在晚上写方案、写报告，或者召开部门会议。因为很多人来到微软的初衷就是释

放自己对这个行业的热情。

2002 年 3 月任微软中国 CEO 的唐骏，当时给微软的承诺是：未来 3~5 年内使微软中国成为全球增长最快的子公司之一，5 年内业务收入达到 10 亿美元，并成为微软亚洲区最大的子公司。微软在中国的业绩也确实证明了这一点。对此，唐骏认为："热情是科技公司非常需要的一种素质。热情不是瞬间的一个状态，而是一种文化。"

事实证明，微软公司提倡"保持高度工作热情"的这一企业管理理念充分调动了员工的积极性。员工工作中的热情有效地激励了他们达到工作目标，并推动企业和员工不断共同进步，更上一层楼。

在任何一个成功的企业之中，热情是最具有活力的因素。成功总是属于那些充满热情的企业。即使在平凡的、每况愈下的、受挫的或者受管制的环境中，成功者也总是充满热情，尽力把事情做到最好，做到更好，并展现出令人惊叹的意志、才能和潜力。

要有积极努力的工作态度

微软公司作为世界 500 强之一的国际化大企业，创造了 IT 企业的一个神话，因此微软的发展过程一直是大家普遍关注的。全世界的 IT 企业恐怕都想知道微软里是怎么办事的，全世界所有的职场人士恐怕都想知道微软的员工是怎么工作的。

"为自己跑起来"是动物世界永恒的法则。人类正是通过这

一法则使自己变成了人。但是当人类逐渐进化、逐渐变得聪慧时，他们再也不“为了自己而奔跑”了。他们开始习惯享受现代文明的成果，他们漠视自己内在的动机和需求，他们只要求索取和坐享其成。他们的内心深处已经失去了奔跑的动力，他们为自己寻找各种理由和借口，他们认为优秀是别人的事。

微软公司曾经有过这样一个鲜活的例子：有一位跳槽过来的业务员，他一度认为自己非常优秀。有一个月，他拜访了10位顾客，最终成交了5位。这在别的公司已经算是高效率了。于是这个业务员找到比尔·盖茨说：“老板，我拜访10位顾客成交了5位，你是不是应该给我奖励一辆车或是增加一点奖金呢?”

比尔·盖茨耸了一下肩膀说：“10位顾客成交了5位，另外5位被竞争对手给抢跑了。你居然还敢跟我来要奖金!”听完老板的话，这位业务员马上去找那5位顾客，说服他们也成为了微软的客户。

拿下10位顾客以后，这位业务员又去找比尔·盖茨说：“报告老板，拜访10位顾客成交了10位，这下您该给我些奖赏了吧!”

比尔·盖茨还是不满意：“你还是在浪费时间，你的业绩对于公司的整体发展没有任何帮助。我问你，第11位顾客在哪里?”

业务员一听傻眼了，在其他公司他都是顶尖的，可到了微软公司，竟然被臭骂两次。下一个月他更加努力，一共拜访了11位顾客，又全都成交了。于是他又找到比尔·盖茨说：“老板，你看，我拜访了11位成交了11位，成功率为100%。”

比尔·盖茨却说：“你已经被开除了，因为其他业务员都拜访并且成交了12位以上，你是公司的最后一名。”

微软公司之所以雄冠全球，靠的是公司全体员工的积极努力。微软员工积极努力的工作态度也正体现了微软公司另一重要的企业管理理念。

比尔·盖茨曾经多次告诫自己的员工："工作需要付出100%的热忱、100%的努力。能完成100%，就不完成99%。虽然仅有1%的差距，但正是这1%，不但会反映出你对工作的态度、作风，也会彻底改变你的人生。"比尔·盖茨要求不论哪级工作人员，都必须要在其位谋其事，努力工作，不断进取。

不仅是比尔·盖茨，所有大公司的管理者都不愿意看到员工在工作中悠然自得，更容不得员工在他的面前显露出一副洋洋得意、满足现状的样子。一个员工，不管他曾经取得多么大的成绩，一旦丧失进取心，不再努力工作，那他也只有走人。

一个想在工作中表现出色的员工，他唯一应该做的就是积极努力、全力以赴地工作。其实，"工作"是一个包含了智慧、激情、信仰、想象力和创造力的词。卓有成效和积极努力的员工，总是在工作中付出双倍甚至更多努力的汗水；而失败者和消极被动的人，却忽略了这些，他们有的只是逃避、指责和抱怨。

自觉自发地去努力工作，这是对工作的一种发自肺腑的爱、一种对工作的真爱。工作需要积极努力的态度，工作需要努力和勤奋，工作需要自觉自发的精神。只有以这样的态度对待工作，才可能获得工作所给予的更多的奖赏。

工作就要精益求精

清朝同治三年（1864 年），杨寿山（字全仁）创建了全聚德。杨寿山以卖鸭为生，买下“德聚全”干果铺后将其更名为“全聚德”，最初经营烤鸭和烤驴肉。在全聚德从开业到新中国成立后进行公私合营前的近百年经营过程中，杨全仁和后来的军师李子明对全聚德的企业管理理念的形成产生了较大的影响，使全聚德形成了有自身特点的企业管理理念。其中“精益求精”就是全聚德一个重要的企业文化。

在全聚德里流传着这样一句话：“鸭要好，人要能，话要甜。”这句生意经体现了全聚德企业管理理念的重要特点：精益求精。精益求精的精神体现在全聚德产品、服务、用人上，更体现在全聚德每一位员工的工作之中。

全聚德要求自己的员工，在每一个工作环节上严格控制鸭子的质量，坚持进好鸭、烤好鸭、卖好鸭，并且随要随烤随卖。鸭子绝不从摊贩处选购，一律由选定的养鸭房送不足三斤的嫩鸭。负责买鸭子的员工还要千方百计地同鸭房搞好关系，以便拿到最好的鸭子。鸭子送来了，一定要在自己的填鸭房填味；在时间上和重量上都有严格要求，以保证烤鸭的鲜嫩。烤好的鸭子趁热片成鸭片并盛在烤得热热的盘子里。使烤鸭片保持一段时间的热度，以保证鸭子的酥脆。全聚德一直坚持把“精益求精”的企业文化深入到选鸭、做鸭、卖鸭的每一个细节之中。

杰克·韦尔奇曾经说过：“没有什么细节会因其细小而不值得去挥汗，也没有什么大事大到尽了力还不能办到。”归根结底，工作是由细节组成的，细节决定一件事情的成败，也决定

一个人、一个企业能否成功。全聚德的经验告诉我们，事业上的强者就是要把人们已经习以为常的东西、司空见惯的小事和隐藏着的细枝末节做得更加精益求精。

在用人方面，全聚德同样把精益求精的企业管理理念贯穿于始终。在全聚德里，能力超群的人是一定会得到老板重用的。而且全聚德还讲究人才的数量不在多而在于精，尽量让每一个员工都能发挥出自身的长处，为全聚德所用。

在旧社会的饭庄里，一向看重堂、柜、厨。全聚德的师傅们都是当时各个行当里的领军人物，堂头和柜上的学生则是从自己的伙计里培养挑选出来的。徒工在打杂三年后分配任务，“先挑柜，后挑堂，残的破的下厨房”。在重能力、力求少而精的用人原则下，20世纪三四十年代，全聚德偌大的业务由三十多人支撑着：业务八名，服务八名，厨房十五人，还有两个人在堆房里负责喂鸭子。精益求精的原则深入到了全聚德的伙计们心中。每个伙计都能独当一面，伙计们以“本字号里没有闲人”而自豪，形成了一种比工作、比能力的氛围，促使全聚德的生意蒸蒸日上、经久不衰。

全聚德把“精益求精”的企业管理理念贯彻到了日常经营之中，每位员工在工作的每一个环节、每一个细节也都力求做到精益求精；做出了好饭菜，提供了好服务，也就获得了好的经济效益。

精益求精虽是商品社会的一般准则，但不易被企业做到极致。全聚德不但把这个要求完美地融合到了自己的经营之中，更将其深入到全聚德每位员工的内心，影响了每个人的行为，形成了一种“良性竞争、永争第一”的工作氛围，使全聚德成为了一个努力上进的集体。

“精益求精”不仅代表了掌柜的经营思想，而且成为全聚德独特的企业管理理念，推动了全聚德的兴旺发展，更促进了内部员工自身能力的提高。

要为品质而疯狂

1937年创建的麦当劳，最开始只是一家年营业额25万美元的汽车餐厅，主要出售汉堡包。到1968年，麦当劳已经拥有了1 000家店铺。1997年底，麦当劳在世界上110个国家和地区开设了25 000家餐厅。据说目前每隔两个多小时，世界上就有一家新的麦当劳餐厅问世。每天光顾麦当劳的顾客达3 800多万人。1997年，麦当劳年营业额达到114亿美元，在“财富500强”中名列第392位。如今的麦当劳已经发展得更加成熟和壮大。

大多数优秀公司都很清楚他们自己应主张什么，并认真地建立和提炼了公司的企业管理理念。事实上，如果一个公司缺乏明确的企业管理理念，或者自己的企业管理理念定位不准确，我们有理由怀疑它是否能获得企业经营上的成功。麦当劳深知企业管理理念对自身发展的重要性，给自己订立了明确并符合自身发展的企业管理理念，而“保持高品质的食物和服务”就是其中十分重要的企业管理理念之一。

雷·克洛克作为麦当劳的创始人，早在创办第一家麦当劳餐厅之时，便准备将这家店作为未来加盟店的样板。他创建了一套极其严格的经营制度，表达了他对快餐店的理解，那就是重视品质、服务、卫生和经济实惠。

为了贯彻自己的经营思想，麦当劳餐厅制订了规范化的行

为标准，以保证麦当劳食品的高品质。

对内，有各种手册指导担负不同工作责任的人如何完成他们的工作，其中包括营运训练手册、管理手册、品质手册。

营运训练手册——详细记载麦当劳的有关政策以及餐厅各项工作的程序和方法。在总结经验和吸取最新管理成果的基础上，公司每年都要对该手册进行修改和完善。数年来，手册为麦当劳的“提供高品质的食物和服务”的管理理念提供了明确的标准。

管理手册——提高管理人员自身的素质，为餐厅培养高级管理人才。该手册实际上是具有麦当劳特色的餐厅管理教科书：既结合麦当劳的实际情况，讲解餐厅管理的方法，又给出大量案例，要求经理们结合实际工作来完成。当管理人员掌握了一定的理论与实践知识后，还要系统学习一些相应课程，如基本营运课程、基本管理课程、中级营运课程、机器课程等。在完成上述学习后，要想担当餐厅经理，还必须到美国汉堡大学进修高级营运课程。这保证了麦当劳员工的整体素质，从而为麦当劳所提倡的企业管理理念奠定了坚实的人员基础。

品质手册——详细记载诸如半成品接货温度、储藏温度、保鲜期、成品制作温度、制作时间、保存期等指标，以及机器设备方面的数据。有了这本手册，管理人员就可以随时随地进行检查和指导，发现问题及时纠正，保证产品质量能够达到高品质。

对外，麦当劳则执行严格的采购办法和采购标准，来确保产品的高质量。

麦当劳为严把产品质量关，坚持从原材料的选择入手，以集团连锁为依托，通过建立本地化的生产、供应、运输等一系列的网络系统，确保原材料质量；在生产中，采用统计工艺管理法、现场控制图法等多种途径严格控制食品质量。

此外，麦当劳也建有自己的原料基地。例如，薯条是麦当劳的主要产品，麦当劳需要的马铃薯要求果型长、芽眼浅，在含糖量等方面也有一定的要求。麦当劳在北京附近建立的辛卜劳农场就是按照这一要求进行生产的。该农场引进了美国先进的农业机械，聘请了农业专家，实现了大规模生产，1998 年产量已达到 1 200 吨。麦当劳每年都要在北京举行两次产品评估会，从美国空运来标准样品，请供应商和采购人员将标准样品和实际产品进行比较，找出差距，制定改进措施。麦当劳还邀请顾客进入麦当劳的厨房参观，亲身体验麦当劳的食品安全标准和制作方法，让顾客“眼见为实”，产品和服务也督促员工更加注重产品质量。

麦当劳追求高品质的企业管理理念建设的过程，就是麦当劳发现和解决在自身独特环境和条件下生存与发展问题的过程。它的这种为品质而疯狂的企业管理理念决定了它强大的竞争力和生命力，注定了麦当劳会成为今天快餐行业的“巨无霸”。

更多微笑，更多温情

麦当劳有这样一句广告语：“更多选择，更多欢笑，就在麦当劳。”这句广告语恰恰体现出了麦当劳另一个重要的企业管理理念，即“微笑和温情”。麦当劳主张通过每一位员工真诚的微笑服务，使每一位顾客都感受到商业环境中麦当劳特有的温情。

麦当劳一直十分注意就餐的环境，以及为顾客提供人性化

的增值服务，并处处考虑各种年龄顾客的用餐需求，给顾客带来了许多精神上的享受。另外，麦当劳还特别注重餐厅内外的实体设施的设计。店内随时都保持了整洁干净的环境；墙面上，一般挂有各种各样的赏心悦目的图画；店内专门备有婴儿椅和小推车，以方便那些带着还不会走路的小孩的家庭前来麦当劳就餐；麦当劳的菜牌就醒目地展示在食物柜上面，一目了然，大大方便了顾客。这些都给顾客带来了清洁温馨的感觉、轻松的气氛和愉悦的体验。

麦当劳这一企业管理理念的另一重要体现，就是其周到、热情的微笑服务。对此，它还有自己的一套经验之说，可归纳为如下内容：

微笑服务的圣经：即使在非常繁忙的情况下，也要尽量使自己放松，只有这样才能使自己的笑容看起来轻松自在；在工作的前一晚，尽量保证充足的睡眠时间；经常进行快乐的回忆，努力将自己维持在最愉快的状态。

微笑服务的力量来源：健康的身体和高尚的服务精神；积极乐观的心态；工作场所的气氛很愉快；被其他员工信任，等等。

正如麦当劳所说的：一定要让每一个顾客在麦当劳都能感受到比其他快餐店更多的温情，要让每一位进入麦当劳的大、中、小朋友都感受到家一样的温馨。

每个麦当劳的门口都摆放着一个身着小丑服、黄色连衫裤、红白条衬衣和短袜、大红鞋，有一头红发的卡通式人物。它就是麦当劳的象征性人物——“麦当劳叔叔”。这个卡通人物经常出现在医院、社区，以鲜明可亲的标识形象与孩子一起玩耍，或在麦当劳游乐场中当指导。久而久之，在孩子们的心目中，“麦当劳叔叔”已经成了大家的一个可爱的朋友。孩子们在这些活动中，不但从心里喜欢上了这个可爱的叔叔，还可以从这些

活动中获得知识。麦当劳的这些做法都源于它的文化理念。它在用自己和员工的实际行动，努力烘托出一个麦当劳特有的温情和家庭式的氛围。

曾经有这样一个麦当劳的广告：

一个寂寞的母亲怀着失落无奈的心情走进麦当劳，感受到了微笑和温情，消除了伤感，脸上浮现出久违了的微笑。在晚霞中，年轻的父母牵着一双儿女欢乐地走进麦当劳；礼貌的服务员迅速地准备好客人选择的食物；一家人坐在金黄色与橘红色交织的餐厅里，愉快地享受着一天中最美好的时光及可口的食物……

麦当劳通过大量广告宣传和促销活动，把温情传递给顾客，使顾客一看见金色拱门和可爱的麦当劳叔叔，就想到家，想到温情。

除了对外体现温情，麦当劳对自己的员工同样体现出了大家庭式的温情。麦当劳有个这样的习惯：经理与员工之间、员工与员工之间都要直呼其名。在麦当劳，每一个员工都是平等的，从经理到员工都很注重沟通与合作。麦当劳还为员工庆祝生日，邀请其家属来餐厅参观、就餐，这大大增强了麦当劳的凝聚力以及团体协作意识。借助这些活动和举动，麦当劳将自己的企业管理理念灌输到员工的日常生活中，渗透到每个员工的内心深处。

俗话说：顾客就是上帝。只要"上帝"高兴了、满意了，企业自然也就有源源不断的赢利。麦当劳看清楚了这一商业规律，并且结合所在行业的特点归纳总结出了自己的企业管理理念——"更多微笑，更多温情"。麦当劳从这一理念中得到了实惠，麦当劳的员工也从企业管理理念中得到了实惠。

麦当劳的这一企业管理理念是每一个企业，特别是服务业企业应该借鉴的。

赢得客户就是赢得市场

在台塑集团，盛传着王永庆的一句话：客户就是市场。不掌握客户，就掌握不了市场。他还把“赢得客户就是赢得市场”作为企业重要的经营理念，要求员工拥有相应的工作态度。

王永庆针对企业的这一指导思想，提出了四个满足客户的必要条件：第一，价格公道，甚至压低价格。第二，品质要符合标准，而且要保持稳定。第三，交货要准时，一定要想办法防止交货误期。第四，服务必须周到。由于是站在公司和客户之间担任沟通桥梁，业务人员必须全盘了解客户的需求。

台塑集团的每一个员工都在自己的工作岗位上坚持“客户至上”的工作准则。我们常听人家说“顾客就是上帝”、“客户永远是对的”这类语言，但为什么客户一定至上呢？王永庆以付钱和收钱的有趣比喻来说明。他说：“付钱的时候一定是拿着钱的手在上面，收钱的一定是伸手在底下接。手在底下接是表示礼貌。绝对没有倒过来的，倒过来钱就拿不起来了。”

王永庆还对自己企业的员工这样讲：“产品通过业务人员转到消费大众手中，业务人员就是公司和客户之间沟通的桥梁。一定要站在公司和客户的中间，使买卖双方都居于平等的地位。”

基于“客户至上”的经营理念，台塑在业务方面采取了以下三种措施：

第一，采取中央集权式的管理制度，由总公司全盘掌握客户的资料和业务动态，借此制订有效的指标，全面带动业务。第二，把客户的投诉当成宝。第三，开办了一个很有教育意义的招待所，让旅客感受一下台塑集团的产品品质和企业管理理念。

从企业经营理念和员工的工作态度来看，台塑始终把客户放在经营管理的重要位置。创始人王永庆更是一个善于观察、思考的优秀领导者。他在经营米店时就总结出了使客户满意的立足点。并且，台塑还要求自己的员工在与客户打交道时一定要价格公道，品质合格，时间准确，服务周到。

事实上，许多企业家和企业都难以真正做到台塑集团这一点，但是台塑却宁可自己吃点亏，少赚点钱，也要尽全力满足顾客的要求。这是值得每一个企业和每一个员工都学习的优秀做法，台塑的这一企业管理理念是很值得推广的。

管理大师罗润之说过："欧美有许多公司犯了一个大错误，就是太注重所谓市场，却忽略了要先了解客户。而只有了解了客户需求，才能使公司找到更正确的业务推进方法。"大师的话透露给我们一个真理：无论是企业还是企业的员工，在自己面对客户或者商业合作伙伴的时候，都要秉持客户至上的工作态度。员工在企业和客户中间要起到一个桥梁的作用，要为公司和客户双方追求同等的利益，使双方居于平等地位，这样才能实现公司和客户的双赢。

保持灵活的工作态度

1950年，李嘉诚创建了长江塑胶厂。这是长江集团的雏形。经过多年艰苦的用心经营，1957年末，该厂正式更名为长江工

业股份有限公司，并在1972年11月1日在香港创业板上市。后来，李嘉诚渐渐地将自己的经营范围扩大，涉足地产、能源、基建、零售等领域，逐渐将长江集团发展成了一个多元化的大型国际化企业。

在长江集团发展的历程中，优秀的内部管理理念是长江集团驰骋商场的坚实后盾。李嘉诚重视企业管理，灵活地利用东西方文化的精髓，创建了一整套独特而又典型的企业管理理念。其中就包括提倡灵活管理。

回顾长江集团创始人李嘉诚的成长过程，他小时候就深受儒家传统文化的熏陶。那时候，他家里虽然不富裕，但他仍然饱览群书。在这些传统的管理理念中，他学到了许多的知识，更领悟到了许多中国传统的做人道理。教师出身的父亲将儒学奉为做人做事的准则。小时候的李嘉诚从父亲那里受益匪浅："贫穷志不移"，"做人须有骨气"，"求人不如求已"，"吃得苦中苦，方为人上人"，"不义而富且贵，于我如浮云"，"失意不灰心，得意莫忘形"……许多儒家的思想在这个时候，就已经悄悄地在他幼小的心灵里扎下了根。

儒家思想，重在修身。儒家文化，以"仁、义、礼、智、信"为基础。这五个字，成为李嘉诚日后做人、处世以及经商过程中主要的指导思想，更影响着长江集团一直以来的发展。

李嘉诚明白，管理这么一家国际化的大企业，不可能自己样样事情都亲力亲为；要充分调动全体员工的积极性，让员工在自己的公司有归属感，安心工作。首先要让他们喜欢你。李嘉诚对员工和客户向来以仁爱为先，讲义气，讲诚信，做生意以和为贵，讲究买卖不成仁义在。这些都体现着李嘉诚身上的儒商气质。

1941年，李嘉诚全家迁至香港。面对香港与内地不同的社会环境，李嘉诚逐渐认识到在企业经营中儒家的一部分思想可以用，但并不是全部可用。要立足香港，李嘉诚采取了灵活的经营态度，吸取了许多儒家没有的东西，如西方特有的管理方法和手段。

融会中西文化优点，重视西方制度化管理模式与中国哲学思想的兼容；既讲科学，又重感情。西方的科学化管理可以应付急速的经济转变，但没有人情味，在业绩不太好时会大规模裁员。这样会使员工没有安全感。长江集团融合了中西文化的优点，以外国人的管理方式，加上中国人的管理哲学，保护员工的干劲和热忱，打造富有人情味的企业文化。

李嘉诚提倡灵活变通的企业管理理念，在港学港，学做港人。长江集团和它的员工灵活的工作态度，使其形成了自己独特的风格，并在无形中给企业和员工不断注入生命力。

从目前长江集团的发展和实力来看，香港特殊的本土文化、工作风格，加上西方的生活习惯和道德准则，对今日的李嘉诚、长江集团以及长江集团里的所有员工都产生了深远的影响。

一个想要成功的企业，在追求成功的路上会遇到各式各样的复杂问题。要想使企业永远立于不败之地，需要灵活的工作态度。李嘉诚以及长江集团的发展经验，向我们证明了“变则通，通则久”这个道理，这同样适用于当今企业。

质量第一，客户至上

上海大众成立于1985年3月，是一家大型的中德合资的轿

车生产企业。它的总部设在上海西北郊安亭国际汽车城，占地面积 321.8 万平方米，注册资金 63 亿元，现有员工 15 000 多人。上海大众的实力十分雄厚，八年蝉联全国最大 500 家外商投资企业榜首，连续三次被《财富》评为“中国最受赞赏的外商投资企业”并两次荣登榜首。从这些成绩来看，上海大众的发展正处于稳定的上升之中。追根溯源，优秀的企业管理理念正是其不断成功的一个重大秘诀。

上海大众公司始终坚持在自己的经营中奉行“质量第一，客户至上”的企业管理理念，并且把这种企业管理理念落实到了企业工作的每一个细节之中。这样做取得了显著的成效，为企业带来了许多实惠。所以，上海大众也越来越重视这一企业管理理念，针对其实行了一系列的具体措施。

例如，在质量上，上海大众始终坚持“不接受不合格的产品、不生产不合格的产品、不放行不合格的产品”的准则，及时预防企业在生产过程中出现的失误和缺陷，保证“零缺陷”目标的实现。上海大众生产出的每一辆轿车，几乎都能够轻松通过 ISO9001－2000 版国际标准以及 VDA6.1 标准。这大大提升了企业在顾客心中的形象，也为企业带来了良好的信誉和口碑。

上海大众在经营中能够时刻坚持“客户至上”的工作态度，以顾客为出发点，满足顾客时刻更新的产品需求，解决顾客对产品的各种抱怨，耐心听取来自顾客的各种信息和建议，并建立了一种在中国最有竞争力的销售服务系统，取得了十分显著的成绩。

美国著名的质量管理学专家朱兰指出：“本世纪是生产率的世纪，下个世纪将是质量的世纪。”重视产品质量，重视企业质量文化，才能生存、才能发展。

目前，上海大众在国内已形成了分布最广、布点最密的轿车售后服务网络，在国内的大多数城市都建立了自己的特约维修站，大众的许多用户可以通过这些维修站得到全面、迅速、便捷、优质、高效的服务。这大大巩固了上海大众公司在消费者心中的企业形象，加大了顾客对上海大众的信任程度，无形中也扩大了大众的顾客群、提高了企业的经济效益。

上海大众的每一位员工都时刻不忘提高自己的售后服务质量。为了给顾客提供更加快捷、高效的服务，上海大众精心研究借鉴其他企业的成功经验，建立了自己的“四位一体”的特约销售服务中心，大大巩固了企业在激烈市场竞争中的领先地位。

此外，大众还专门成立了汽车俱乐部，通过完善的服务体系为驾车者提供快捷、优惠的服务，帮助解决汽车使用过程中可能遇到的各种问题。这一举动也促使企业与客户之间形成了良性的沟通和交流。这不但及时为顾客解决了许多实际问题，也使企业及时取得了客户对产品最前沿的反馈信息，更加有利于企业的进一步发展和壮大。

关于“质量第一，客户至上”的例子，在上海大众还有很多，这里就不一一列举了。今日的上海大众已经把这一企业文化真正深入到了每一个员工的内心深处。也正是因为如此，再加上每一个员工切实有效的配合，上海大众取得一个又一个好成绩，获得了良好的发展前景。

企业良好的质量和服务态度是优秀企业管理理念的物化表现。具备了这两个方面的企业也会树立良好的企业形象，大大增加竞争实力。

把客户当成永远的伙伴

万科公司的全称是万科股份有限公司，成立于1984年5月，是目前中国最大的专业住宅开发企业。万科1988年进入住宅行业，1993年将大众住宅开发确定为公司核心业务。2006年，其业务覆盖到了以珠三角、长三角、环渤海三大城市经济圈为重点的20多个城市。迄今为止，万科共为九万多户中国家庭提供了住宅。直至2006年末，万科的总资产达485.1亿元，净资产达148.8亿元，员工13 000余人。

经过多年努力，万科逐渐确立了在住宅行业的竞争优势："万科"成为行业第一个全国驰名商标，旗下的"四季花城"、"城市花园"、"金色家园"等多个品牌得到各地消费者的接受和喜爱；研发的"情景花园洋房"是中国住宅行业第一个专利产品；物业服务通过全国首批ISO9002质量体系认证；公司创立的万客会是住宅行业的第一个客户关系组织。2006年，万科成为第一家进入全国纳税百强榜的地产企业。

万科一步步的发展，并不是靠运气，而是万科上上下下所有员工辛勤努力的结果；而万科自身优秀的企业管理理念，也是帮助其不断发展的不可缺少的动力。"把客户当成永远的伙伴"，这是万科给自己总结的一个重要的企业管理理念，也是万科要求所有员工在工作中必须具备的一种工作态度。

尊重客户、善待客户、把客户当成自己的伙伴，持续提供超越客户期望的产品和服务，引导积极、健康向上的现代生活方式，这是万科公司一直坚持和倡导所有员工具备的工作理念之一。

这种工作态度始于万科以贸易起家之时，一直保持到现在进入房地产业。万科通过建立一套完善的售后服务体系，创立了自己的品牌。例如，万科率先在国内房地产业引入专业售后服务体系——物业管理。

万科员工在自己的工作中始终把为客户提供优质满意的产品和服务作为企业努力的方向——不仅是建房卖房，更重要的是为客户提供细致、周到的物业服务，创造温馨、舒适的生活氛围，引领健康、丰富的生活方式。周到的客户服务不仅是创造企业利润，更重要的是站在客户的角度，不断完善小区配套，使之更贴近客户的生活。这种工作态度不仅给企业带来了良好的口碑，也为万科品牌的创建打下了坚实的基础。

随着万科自身专业能力的提高，管理流程的完善，客户服务态度的加强，工程质量、服务质量等方面遭到客户投诉的比重呈现下降的趋势。与此同时，万科还把这一企业管理理念落实到了解决客户的投诉工作中，例如：

建立网上专门用于客户投诉的论坛。自从“投诉万科”论坛开通以来，企业的开放度和透明度明显提升了，有利于树立良好的企业形象；同时，也促进了各地客户服务流程的统一与完善，提高了客户投诉处理的效率。

对于万科而言，网络投诉能够及时反映出企业运作流程中每一个环节所存在的问题，尤其是容易忽略的问题，有助于促进企业管理系统的检验和完善，并促进企业从改善客户服务开始引发企业管理思维方式的变革。

在经营管理中，万科时刻牢记“把客户当成永远的伙伴”的企业管理理念。而且，万科员工已经把这一企业管理理念延续到自己的工作之中，时刻保持这种积极的工作态度，为企业赢得了良好的口碑，使万科与造就百年老店的梦想的距离越来越近了。

在迅猛发展的市场形势下，企业都要认清自己的态度，形成合理控制和有效执行的良好习惯，才能顺应市场的发展。同样，也只有这样，才能建立互惠互利的和谐市场氛围。所以，身在市场中的每一个员工都要自觉形成这样的工作态度，即“把客户当成永远的伙伴”。

另外，商人与企业人是两个不同的概念。做商人，可以做得很纯粹，逐利就是了。做企业人则不同，它更多地强调责任感。作为一个有责任感的企业人，最重要的一条就是能正确处理好与客户的关系。正如万科的企业文化所总结的：“客户永远是我们最亲密的合作伙伴”，只有把客户时刻当成自己的合作伙伴来对待，才能达到共赢。

敢为人先，勇争第一

邹县发电厂始建于1983年，是隶属于中国华电集团公司控股上市企业华电国际公司的全资内部核算企业。2003年1月，该厂归属于中国华电集团。邹县发电厂的装机容量为454万千瓦，是中国华电集团公司最大的发电厂。邹县发电厂20多年来先后获得了国内几乎所有电力行业的荣誉，大大小小有200多个奖项。“敢为人先，勇争第一”的企业管理理念带领邹县发电厂的所有员工用“四最”缔造出了一个电力建设的“百万奇迹”。

世上没有不可逾越的天堑。只要永不懈怠地一步步走下去，前面就是胜利的彼岸。邹县发电厂根据自身的发展需要借鉴了

许多同行的丰富经验，建设出了国内首台百万千瓦发电机组。这正是邹电人“敢为人先，永争第一”的企业理念的最好证明。

“敢为人先”主要是号召邹县发电厂的每一位员工都能够在工作上敢于走前人没有走过的路。“勇争第一”就是指邹县发电厂作为华电集团的一分子，要在企业发展以及业绩上争取成为华电集团乃至世界最好、最高水平的发电企业；不但要为华电集团争光，更要为祖国增光。

2004年7月，国家公布了一项新政策，即电力项目投资由审批制改为核准制，这着实是邹县发电厂面临的一个严峻的考验。当时邹县发电厂在副厂长马瑞东的带领下，全体员工积极面对这次突如其来的改革，勇于接受现实，及时调整工作思路。基建办所有员工群策群力，根据自身的经验向国家发改委补充提交了包括环境评估报告、项目申报单位情况、城市用地与相关规划等项目申请报告，同时把水资源论证、水土保持等部门的审批意见作为报告附件一并上报。

在这个核准批复的过程中，环评报告至关重要。它有着一票否决的作用，将直接影响到工程建设。摆在邹县发电厂所有人面前的一个棘手的问题就是解决水资源问题。早在2000年以前，邹县发电厂供水水源的可行性论证报告已经拿到了水利厅的批文，方案采用了南四湖地表水、南水北调用水和地下水联合供水。但是，这次国家新的环保政策出台以后，对新建工程环保的审查更为严格、细致，国家对环保工作更加重视了。

事实上，邹县发电厂很早就发现了这样一个严峻的现状：由于近年来山东地区持续干旱，水资源条件出现变化，再采用以前的供水方式肯定行不通。况且，邹县发电厂作为百万千瓦大厂，建设资源节约型企业、促进地方经济可持续发展的责任十分重大。本着强烈的社会责任感，邹县发电厂千方百计寻找出路，耐心地多方协调，提出了优先使用城市废水及电厂废水、

积极采用地表水及南水北调用水的可行方案。可是，地表水采用的南四湖水域却分属于山东省水利厅和南四湖管理处管理，审批手续极为困难。邹县发电厂的员工就在济宁、济南、枣庄三地来回奔走，耐心地解释，不辞劳苦地往返于这些审批部门。终于，功夫不负有心人，邹县发电厂的员工通过自己的实际行动，从根本上解决了工程立项最为棘手的问题。

最后，邹县发电厂四期工程正式通过国家发改委的核准批复。这标志着邹县发电厂的“百万世纪之梦”终于可以实现了！

市场经济就是充满了竞争的经济。我们都知道，只要存在着市场，竞争就在所难免。在当今社会，以最佳状态参与竞争，以积极的态度面对竞争，是每一个企业寻求更大、更好发展的必要课题。

技能管理

全面提升个人能力

海信集团是一家以海信集团公司为投资母体组建的国内大型专业电子信息产业集团。集团建立已经 30 多年了，由当初的青岛无线电二厂，到青岛电视机厂、海信电器公司，逐渐发展成为国内著名的大型高新技术企业集团，其主导产品有电视、空调、计算机、移动电话、冰箱、软件等。

海信的企业文化可以用这样一句话来概括，就是“敬人为先，创新为魂，质量是根，情感管理”。其中“敬人为先”是海信为适应市场经济发展的需要提出的。海信又创造性地树立了

全新的人才观念、市场意识、科技理念、竞争意识。这一企业管理理念主要强调的是员工各方面能力、技能的不断学习和不断提高。海信认为只有员工自身的技能不断发展，才能更好地推动海信的不断发展。

海信集团在实际经营管理中，始终坚持“以人为本”的管理思想，以人的管理为中心，帮助员工全面提升个人能力。董事长周厚健曾经说过这样的话：“人力资源是企业发展的第一资源。如何积累、开发、使用它，关系着企业的兴衰。谁不关心这个问题，谁就会吃亏。企业办得好，是因为人力资源开发得好、管理得好；企业破产了，也是人的作用发挥得不好，人的工作没做好。”

因此，在海信集团的企业管理理念“敬人、敬业、创新、高效”中，“敬人”被放在了第一位，成为海信管理理念的核心内容。海信自始至终非常重视人的问题，重视人的工作。关心人、尊重人、理解人、爱护人，成为海信文化最主要的特色。海信“人才至上”的文化特色已在国内企业乃至求职者中产生了广泛影响。

海信集团的这一企业管理理念的落实主要是从以下这两个方面来具体展开的：

（1）以学习型组织培育人，建设学习型团队

1998 年组建的海信学院，其教育培训经费每年就达 1 000 万元以上，培训人数达 5 000 人次以上。海信学院对外与高校、科研院所合作，培养高层次人才。海信学院与山东大学合作组织了 9 届为期半年的全脱产干部培训班，为海信的发展储备了 300 多名中层经理人才；与北京大学合作开办工商管理硕士班；与北京航空航天大学合作开办工程硕士班；依托集团的博士后科研工作站，与中国科学院、西安交通大学、天津大学等 6 家高校博士后流动站建立合作关系。此外，海信学院还利用与跨

国公司的技术合作，选派优秀专业技术人员出国考察学习。海信每年都要选派 100 多名优秀人才，到国外接受技术和管理培训，并参与项目的合作开发。在海信，类似的培训活动还有很多。

（2）以项目为载体锻造员工，多方面提高员工的实际工作技能

实行“课题招标制”和“项目承包制”。这些措施将科技人员与研发项目紧紧捆在一起，大大强化了研发人员的责任感。与此同时，为了倡导、支持、鼓励创新，海信允许每年有 30％左右的科研项目“失败”。这大大激发了创新型人才的创造热情。

让年轻人才大胆承担项目。海信集团在人才培养上达成了这样一个共识：“放手使用，是最重要的培养。”海信集团有一位年仅 35 岁的总经理，他就是海信空调有限公司的王士磊。他 1989 年从西安交大化学系高分子材料工程专业毕业后来到海信，又被派往日本研修，学习了很多先进的管理经验以及注塑技术、模具技术。回国以后，他进入海信技术中心空调研究所，参加了引进空调的筹备。空调公司成立后，他主要负责注塑、涂装、部分设备筹备、工艺筹备等工作。1999 年底，王士磊出任海信空调公司总经理。在他的带领下，海信空调的产销量和品牌知名度逐年提升，目前已经成为业界的著名品牌和海信的又一利润增长点。

海信集团还以各种机制激励那些在自己工作岗位上不断学习、不断创出新业绩的员工，大大激发了员工提升工作技能的热情。海信的这些做法大大促进了其“高科技、高质量、高水平服务、创国际名牌”的发展战略的实施，加速了的前进步伐。

一个成熟的企业管理理念会为企业的发展提供动力。企业管理理念与企业经营管理具体措施的匹配程度越高，企业成功的可能性就越大。而海信集团的这一做法恰恰印证了这个道理。海信集团把帮助企业员工提升技能作为企业工作的重点。

可见，一个想要成功的企业十分需要千千万万个能够不断提升工作能力和工作技能的员工。俗话说，有需要就是有市场。反之，没有需要就是没有市场。那么，毋庸置疑一个希望谋求好出路、大发展的职场人士必须时刻提升自我的工作技能。

做个积极上进的好员工

最初的索尼公司是井深大在东京近郊的一个战争废墟上成立的。起初它的名字是“东京通讯研究所”，直到1955年，才更名为“索尼”并启用“SONY”的品牌，进军美国市场。现在索尼在十多个国家注册，已经是继可口可乐之后的世界第二大著名品牌。索尼主要经营的数码相机、电子产品等都走在了世界水平的最前列。索尼能取得今天的成就，与其企业员工的巨大贡献是分不开的。而之所以索尼的每个员工都是积极进取地工作，是与索尼成熟的企业管理理念分不开的。

从许多企业的实际案例来看，一个做事主动、善于最大限度地挖掘自身潜力、不断学习的员工，总是注重自己对公司贡献的大小。他们不仅看到自己的工作，还把目光投向未来的目标。他们非常看重自己应该承担的责任，常常会反躬自问：我是否为企业作出了积极的贡献？这种贡献是否对企业的业绩和成果产生深远的影响？

工作中，这种积极上进的态度十分重要。如果你能发挥最大的能动性，那么即使是一般人无法办到的事，你也能够轻而易举地办得很好，而且能获得比别人更多的收获。而你所在的企业也就会因你而获得更大的利润。

索尼深知一个积极上进的好员工对企业是多么重要，所以它打破过去日本企业原有的只注重学历、证书之类的旧观念、旧做法，采用符合自身情况并利于企业长远发展的做法，取得了非常显著的效果。

对新员工，索尼常常要先进行广泛的交叉培训。例如，法律学校的毕业生甚至工程师和科学家要做销售工作，也要到索尼工厂的生产线上实习。在工作中，索尼提供继续教育的机会，建立了索尼高工学校、索尼技术专科学校和智能情报中心。索尼还提供各种各样的工业讲座、英语班、海外留学机会，从业人员可自由报名参加。而且，索尼特别注重鼓励员工进行自我开发。对于员工而言，公司提供的条件是分发各种阅读材料，推荐学习书目，资助员工购买书籍，为读书小组活动支付加班费。在索尼，大多数的员工都参加了这种读书小组活动。

在这些相关的培训活动和紧张的学习氛围中，索尼的每一个员工都在不停地为自己充电。一些年轻的经理因工作出色而获得奖学金到国外深造。索尼尽力安排他们到法国、德国、美国、英国去学习法律、商贸和各种科学技术。条件许可时，还两三年轮换一次。这样，经理们不仅仅是专家，还是知识面很宽的专家，更是他们手下员工的榜样。由此可以看出，一个积极上进的好员工，在能够为企业创造更大利润的同时，也使自身的能力得到了提高，成为被公司、被社会认可的人才。

索尼一直十分推崇“有激情才能发挥最大的创造性”这一

观念。在这样的文化氛围中，那些不积极工作、不上进、偷懒的员工，往往不会被派给工作，更不会得到公司的重用和领导的赏识。每一位员工都在马不停蹄地工作着，即使休息日仅仅是在家里无所事事，也会被同事笑话。在索尼公司里，不忙只能说明你不知道自己想做什么、该怎么去努力，你不是索尼需要和尊重的人。

在索尼公司里，还聚集着许多喜欢音乐、喜欢照相机、喜欢收音机、喜欢机械的人。他们不是为了组织、为了公司，而是为了自己工作。他们因为喜欢而拼命地学习，获得比别人更多的专门知识，再加上孩子气的渴盼以及积极进取的学习精神，最终把想要的东西实现出来，也就实现了公司的目标。

主动学习各项技能

比尔·盖茨作为微软的创始人，对微软的贡献是世界有目共睹的。他在微软也受到了广大员工的尊敬和信服。微软的员工认为：比尔·盖茨说的话基本上是对的，我们完全应该按照他的方法来做。而在不同意他的时候，我们也有足够的勇气当面告诉他。

比尔·盖茨曾经对微软的员工说过这样的话："企业智商涉及分享过去及现在的知识。增长企业智商有两个途径——一个是个人的自我学习，另一个是一群拥有不同知识的员工在群体互动环境下进行双向与多向的学习。"这段话的真正涵义就是用

企业智商来说明企业员工学习的重要性。微软已经把这一号召企业员工主动学习自身各项能力的做法融入到了自己的管理理念之中。由此可见微软对员工学习的重视程度。

这一企业管理理念在微软许多具体的做法上都可以体现出来，例如：

正式的休假会。组织正式的休假会活动，届时有关重要人士会就软件开发与质量控制的相关问题相互切磋。

“自食其果”。特定产品的开发小组将尽可能在自己的工作中使用该产品，通过亲身体验，见顾客之所见，向相关小组不断反馈信息。如果产品性能太差，构造者及小组其他成员就不得不“自食其果”。

非正式会谈。在相同职务的人员之间极力撮合一些非正式会谈以鼓励知识共享。

事后分析报告。鼓励各开发小组写事后分析报告，至少就项目进程开会讨论。这与微软雇佣善于从错误中学习的人的做法是前后呼应的。

如今的时代已经是学习型组织的时代。真正创建学习型组织的企业，才是最有活力的企业。这一趋势恰恰特别适合 IT 行业的企业。微软从自己的实际经营中不断总结经验，注重公司员工的学习，以更好地保证公司能适应 IT 行业快速变化的特性。从微软越来越强大的竞争实力来看，公司要保持领先更加需要软件开发者和市场销售者具备最新的技能。

作为公司，引导员工学习的任务实际上是由内部信息技术部来完成的。微软公司因此设立了一个被称为 Skills Planning “und” Development（SPUD）的项目。实施 SPUD 项目的主要目的就是让工作与员工能力相匹配，按工作所需的能力对员工进行定级，并建议监督管理者评价一种特定能力。项目的重点是那些需要并被要求站在领域前沿的人。

虽然 SPUD 项目的目的是知识转化而非知识测试，但它起到了帮助员工明确自身的知识特点、引导员工调整学习方向的作用，能帮助员工更好地学习各种知识。

另外，SPUD 项目可以与教育资源相连，帮助公司在内部和外部发展一些与特殊课程有关的连接，有助于员工加强学习和提高能力。

俗话说，刀不磨要生锈，人不学要落后。每一个职场人士除了每天的工作外，还应该抽出时间学习，吸收知识，不断为自己加油。

比尔·盖茨还说过这样的话："公司的企业智商高将表现为员工团队协力执行创新计划上的成就。因为参与计划的所有成员均能在有效率的环境下获得充分的资源以及进行有价值的知识整合活动，然后在高士气、高度共识、焦点目标的引导下，将成员的知识能力与企业的创新目标作最佳的结合，产生最佳的结果。"由此不难看出员工所具备的知识能力对企业发展的重要性。

苦学相关的专业技能

在长江集团异常艰辛的创业之初，李嘉诚凭借自己不服输的精神，坚持不懈地苦学各种技能，不断充实自己。后来他把他的这种学习精神带进了企业，带进了企业每一个员工的心里，并将其逐渐升华为长江集团一个重要的企业文化之一，才使今天的长江集团能够屹立于世界的优秀企业之林。

其实，要在职场中永远不被淘汰，每一个人都需要不断地积累知识，苦学本领，给自己加重。生命如逆水行舟，不进则退。每一个员工要不断提升自己，为自己赢得机会，让自己始终先人一步。只有这样，你才能成为职业战场上的强者，才能一路笑到最后。

一直笑到今天的李嘉诚，其实在初到香港时就面临了一个巨大的挑战——语言问题。香港的大众语言是粤语。在香港，不懂粤语寸步难行。香港的官方语言是英语，这是香港社会的一种重要语言工具。在香港工作必须先攻克这两种语言，一来要立足香港社会，二来可以直接从事国际交流。

身处竞争激烈的社会，每一个人都如风中的木桶，要想不被风吹倒就只有给自己加重。职场上瞬息万变，让人难以把握。我们唯一能做的就是不断充实自己，使自己具备应变的能力。当时的李嘉诚深知这一点，所以他首先把学粤语当做一件大事来对待，拜表妹、表弟为师，勤学不辍。由于年纪比较小，他很快就学会了一口流利的粤语。

最困难的还是英语关。李嘉诚进了香港的中学念初中。这里的中学大部分是英文中学，即使是中文中学，使用英文教材的也占半数以上。

李嘉诚学习英语，几乎到了走火入魔的地步。上学和放学的路上，他边走边背单词。夜深人静的时候，李嘉诚怕影响家人休息，独自跑到户外的路灯下读英语。天刚亮的时候，他就马上爬起来，口中念念有词，其实还是在背诵英语。

即使后来因父亲过早病故，李嘉诚辍学到茶楼、到钟表公司当学徒，在每天 15 个小时的辛苦劳作后，也从不间断在业余时间刻苦地学习英语。功夫不负有心人，几年后，李嘉诚熟练地掌握了粤语和英语这两门语言。

荀子的《劝学篇》有云：“不积小流，无以成江海。”李嘉

诚在刻苦学习的过程中，逐渐增长了个人能力，使其在日后的企业经营中受益匪浅。他的这种刻苦学习的精神，影响了身边的每一个员工，甚至影响了长江集团一直以来的发展。他把企业命名为“长江集团”是因为认同长江精神：“长江不择细流，故能浩荡万里。长江之源头，仅涓涓细流，东流而去，容纳无数支流，形成汪洋之势。”李嘉诚希望长江集团的每一个员工都能够把“长江精神”应用到自己的工作之中，坚持刻苦学习的态度，一点一滴地积累，认真对待自己的工作、对待自己的未来。这样员工个人会有收获，企业也会迎来一个又一个崭新的辉煌。

长江集团的经验告诉我们，人从来不会因为多学东西而吃亏。技多不压身，多掌握一门技术，就意味着多一条出路、多一种选择。不过，千万不要指望学习能给你带来迅速的成效，它更大程度上是一个积累的过程。

所以，如果你不停地自我积淀，总有迎来百年不遇的好机会的时刻。你现在所做的一切都是为未来作铺垫。人生就是不断成长、不断完善的过程，工作也是这样。

学习他人的长处

一个学习型的企业管理理念，不但具有传统企业管理理念的一些基本特征，而且特色鲜明，会给企业以学习创新的昭示，会散发出时代进步的气息。它的学习不同于学校的学习，也不同于简单的以学知识为主的传统意义上的学习，更不同于西方

学习型组织的没有特定内涵的一般意义上的“学”与“习”。长江集团所倡导的学习，包括广泛地吸取一切先进的科学文化和专业技能；其中不仅包括国内先进的企业文化，还包括国外许多先进的企业经营、管理方面的知识。

20世纪70年代初，长江集团的工厂分布在元朗、柴湾、北角等多处，有员工上千人、管理人员200多人。李嘉诚为了从塑胶业彻底脱身投入地产业，聘请了一个美国人任总经理，自己只参与重大决策。其后，长江实业还聘请了另一位美国人Paul Lyons为副总经理。这两位美国人是掌握现代化塑胶生产技术的专家，李嘉诚付给他们的薪金远高于他们的华人前任，还赋予了他们实权。

到了20世纪80年代中期，李嘉诚已拥有几间老牌英资企业。这些企业中有相当一部分外籍员工。李嘉诚并不是没有能力直接领导他们，只是因为集团超常拓展，他的主要职责是为旗舰领航。他认为最有效的办法是用外国人管外国人，这样更利于相互间的沟通。还有重要的一点，这些老牌英资企业与欧、美、澳有广泛的关系，长江集团日后必然要走国际化道路，启用外国人做“大使”，更有利于开拓国际市场与进行海外投资。

曾经有人这样问过李嘉诚：“您的集团雇佣了不少‘鬼佬’，这样做是否含有表现华人的经济实力和提高华人社会地位的成分呢?”李嘉诚回答道：“我还没那样想过，我只是想集团的利益和工作确确实实需要他们。”李嘉诚充分分析了这些“洋人才”的“洋本事”，以夷之长来避己之短；并通过与这些外国人共事，不断学习他们的优点，掌握他们的专长，大大促进了企业当时的发展。

另外，还有一个明显的例子，长江集团曾起用了当时名不见经传、后来名声显赫的英国人马世民（Simon Murray）。

1984年，英国籍的马世民被任命为和黄集团坐第二把交椅

的决策人，任董事行政总裁。马世民一上任，就开始为和黄集团赚大钱，并辅佐李嘉诚成功地收购了港灯集团。事实证明，长江集团重用外国人的做法确实很有效果。马世民不仅业务能力很强，而且他的人品和口碑除了老板李嘉诚之外均当属翘楚，对企业内部的员工起到了一定的表率作用，也激发了其他员工像他一样更加努力地工作。

除了和黄，马世民还先后出任港灯、嘉宏等公司的董事主席。他是一位真正的领导者。领导者与纯管理者的不同之处在于：领导者不仅能运用职务性权力，以制度来规范下属，更能运用非权力性影响力，以人格魅力来引导人，让下属心甘情愿地追随。

读一本好书，会明白许久以来未能想通的道理；和同事的一次探讨，会发现很多自己没想到的地方；与对手的一次较量，企业会更清楚地认识到自己的不足之处；与一位优秀的领导共事，会有更多的机会接触到更加先进的专业知识以及做人的道理……只要你愿意，你可以随时随地地为自己充电，还可以随时随地为企业充电。

学习对企业来说的美妙之处在于它可以改变一个企业的未来，更可以积聚使企业变得更强的实力。然而，无论是企业还是员工个人，都一定要掌握灵活的学习方式，时刻虚心学习，始终坚持以他人之长处弥补自己的短处。

职场千变万化，让人难以掌控。我们唯一能做的就是不断学习、不断充实自我，使自己具备工作所需的各项能力。而优秀的企业就是善于把握身边每一个学习的机会，换来种种宝贵知识，来适应不断发展的需要。

知识可以改变命运

知识对于提高我们的工作效率非常重要。竞争日趋激烈，生活日益复杂，所以员工必须具有充分的学识、接受充分的教育训练以获得进取的资本。很多人一心希望在顷刻之间成就大事，但其实事业是需要渐渐成就的。我们应该不断地努力学习，不断地充实我们的知识宝库，渐渐地扩大我们的知识面。

长江集团十分重视员工对知识的学习，并把鼓励员工学习知识规定为企业的一个重要的管理理念。回顾其一步步的进步与发展，知识对长江集团的发展起到了决定性的作用。截至2007年12月31日，长江集团旗下在香港上市的公司的联合市值为9 420亿港元，长江集团的业务遍及全球55个国家，员工人数约26万名。

李嘉诚自小酷爱读书，喜爱学习。来到香港之后，由于生活所迫，他不得不坚持半工半读。

尽管李嘉诚有十分强烈的求知欲，却为买教材而发愁。他工薪微薄，要维持全家的生活，还要保证弟妹读书的学费。他希望弟妹能一帆风顺读完应读的学业，而不是像他这样。李嘉诚想到一个绝妙的办法——购买旧教材。许多中学生将用过的教材当废纸卖掉，或当垃圾扔掉，就有书店专门做旧书生意。

李嘉诚后来谈起节省几港币买书的钱，其言谈表情，比现在赚几亿港元还兴奋："先父去世时，我不到15岁。面对严酷的现实，我不得不去工作，忍痛中止学业。那时我太想读书了。可家里是那样的穷，我只能买旧书自学。我的小智慧是环境逼出来的。我花一点点钱，就可买来半新的旧教材，学完了又卖

给旧书店，再买新的旧教材。就这样，我既学到了知识，又省了钱，一举两得。”

像李嘉诚这样真正成功的人，即使每天工作再多再累，他也决不埋怨，并且还能腾出时间来进修。在无穷无尽的书山文海中，我们要像他一样通过自己明智的选择，找到一条光明的路。

日复一日，年复一年，李嘉诚始终将读书求知看做生命中的一大要事。每日无论工作到多晚，也都要在临睡之前翻看一会儿图书或杂志，借此获取各方面的知识，同时也获取最新的商界信息。当年塑胶花的信息便来源于此。学习知识对李嘉诚的人生甚至长江集团的经营都是有巨大帮助的，它可以使个人和企业充满智慧，得到知识，为将来的发展打下良好的基础。前人的肩膀让虚心学习知识的人看得更远。学习可以在深不可测的岁月之河上架起一座宏伟的桥梁，帮助你走入成功的殿堂。

李嘉诚曾说：“我喜欢看书，现代的、古代的都看，时时看到深夜两三点钟，看完就去睡觉。我不敢看钟，因为如果只剩下两三个钟头，心就会很怯。”

李嘉诚的一举一动也影响着长江集团的多位员工。洪小莲当年是李嘉诚的秘书，那时长江实业还未上市。她说：“如果当年我的老板不是李先生，就没有今日的我。”

李嘉诚对知识和技术非常重视，也始终坚持执著地追求先进的知识和技术。他一直都认为知识是关系到企业的生存和发展的至关重要的因素。

对这一点，李嘉诚还发表过这样的观点：“现在，知识是关系经济、国防、国家在世界的地位、人民的生活的事情，以至于我们文化的发展、民族的进步，都完全关系于此，所以‘科教兴国’是至理名言。”

知识已经在当今企业的发展之中起到了不可估量的巨大作用。无论多么成功的企业管理者或者企业，都必须依靠知识来谋求更大的发展空间。

不断学习，利己利公司

中国石化胜利油田有限公司下属的胜利采油研究院挂牌成立于1984年5月。它坐落于山东的东营，主要承担采油工程新技术的研发、集成应用、重大采油工程方案的编制和采油工程规划研究，是国内最大规模、研发力最强的采油工程技术研究院，并且是中国石化集团公司的重点研究院。

随着市场经济的不断发展，知识成为推动企业发展的一个巨大动力，在每一个企业中不断发生着化学作用。胜利采油研究院作为一个科技研发企业，要想在同行业中异军突起，就要重视对知识的学习。

胜利采油研究院不断总结经验，十分重视自身科技水平的提高和内部员工不断学习的精神的培养，而且把加强学习作为重要的企业文化来落实。胜利采油研究院在提倡学习的企业文化中，不断加强所有员工的学习意识，加大他们的学习成果，不断增加他们的新知识，帮助其适应新形势的发展，努力创建一个学习型的企业。

胜利采油研究院围绕提高学习力、文化力、创新力和亲和力下工夫，让自己的员工懂得“只有学习才能发展，只有学习才能提高，只有学习才能创新，只有学习才能幸福”，让每一位员工都能够在自己的岗位上踏踏实实地学习，不断丰富自己的知识水平，更好地为企业、为个人美好的明天打下坚实的基础。

胜利采油研究院把《第五项修炼》作为员工的基础教材，结合实际，积极创建学习型研究院、学习型团队，培养学习型员工，通过进行“自我超越、改善心智模式、建立共同愿望、团体学习、系统思考”的五项修炼内容，努力实现“学习工作化、工作化学习”的目的，使每一位员工都能够自主、积极、主动地学习，激发每一个人的学习热情，从而保证企业旺盛的生机和活力。

正是因为坚持了这种学习型的企业管理理念，胜利采油研究院拥有了许多高学历、学习意识比较强的员工。在研究院，本科以上学历的有 294 人，包括博士生 8 人、硕士生 66 人，享受政府特殊津贴的专家有 4 人，有突出贡献的专家和学术技术带头人有 5 人，局级专家有 21 人。

另外，研究院现在已经拥有 9 个专业的实验室，其中三次采油实验室、微生物采油实验室等四个实验室被胜利油田列为首批重点实验室。三次采油实验室还被列为中石化重点实验室。40 多年来，研究院有三百多项科技成果获奖，其中国家级奖项就有 20 多项；荣获国家专利 100 多项，其中发明专利有 13 项，包括美国发明专项 1 项。他们的技术服务已经辐射到了全国十几个油气田，工艺整体技术水平居于全国同行业的前列，部分关键技术已经处于世界领先水平。

从以上成绩我们可以清晰地看到创建一个学习型的企业文化会为企业带来多么美好的发展前景。

创新管理

勇于开拓的创新精神

自觉激活战略创新

最初，海尔集团只是一个亏损上百万元的集体小厂。1984 年正式成立的青岛冰箱厂是海尔集团的雏形。经过几十年所有员工的共同努力和奋斗，海尔集团不但发展为名副其实的中国家电第一名牌，更在 20 世纪 90 年代末期，在世界各地建立了生产及销售基地，实现了当地设计、当地生产、当地制造、当地销售产品。据全球权威消费市场调查与分析机构 EUROMONITOR 的调查结果，海尔集团已在全球白色电器制造商中名列前茅，“海尔”跃升全球第二大白色家电品牌。目前，海尔

已经成长为国际化的海尔。2004 年，“海尔”就已经成为中国唯一的世界品牌实验室评选的“世界最具影响力的 100 个品牌”。

经过快速成长，海尔在管理和企业理念上的创新与贡献也引起了世界管理界的关注与高度评价。目前海尔已有许多案例分别被收进哈佛大学、欧洲工商管理学院等世界著名学府的 MBA 案例库，成为全球商学院的通用教材。海尔一步步的发展、一点一滴的成绩都是与其不断创新的企业理念密不可分的。

2001 年 3 月，海尔集团推出了人力资源整合改革，目标是使全集团的所有员工都成为经营者，人人都成为具有创新精神的海尔人，通过每一个员工的战略创新来保证集团战略的实现。按照张瑞敏的理解，企业的“企”如果没有了“人”，就变成了“止”，所以他要把海尔创新的企业理念落实到每一个工作岗位上，落实到每一个员工的心里，让企业变得更加充满活力。

海尔集团奉行的这个创新战略即 Strategical Business Unit（简称 SBU），具体就是指战略事业单位。该战略的目标是使人人都成为具有创新精神的 SBU。具体而言，有四个企业的目标要转化到每个人身上去。

市场效果：以订单执行到位，创造出的用量化数据表示的用户满意度；

市场报酬：自己创造的市场增值部分在收入中的体现；

市场目标：以速度体现的市场竞争力，创造用户资源；

市场订单：以创新、创造有价值的订单，实现市场目标。

SBU 战略以“三主”为主，即主体、主线、主旨。“主体”是把每个人从管理的客体变为主体，从管理者变为一个经营者，打破传统管理的方法；“主线”是指使所有员工围绕一条线，这条线就是从使用户得到订单到使他满足，形成一个闭环；“主旨”是指把每个人都成为一个 SBU，每个人都在经营。

海尔还针对 SBU 制订了一些相关的员工规定，把员工个人

的工资福利费、办公费等直接与员工工作中的创新表现挂钩，最大限度地调动所有员工创新的积极性，为员工提供一个良好的平台，让员工个人创造新价值。对员工的考评完全由员工所负责的那一级市场说了算，而不是传统中的上级管理人员。

海尔的SBU战略的最终目标是形成企业内自发运转、相互啮合的良性机制。海尔通过SBU战略激活企业中每个员工的效果已然显现出来。

在工作中，一些员工总会不断地抱怨工作单调枯燥却又不愿意主动去创新；还有一些只习惯按照经验做事，却不愿有所突破和创新；更有员工总是用老办法来解决新问题，而对外部环境却不闻不问。这一切，都是这些员工墨守成规的思想在作祟。因为墨守成规，所以害怕创新，不愿创新也不懂得如何创新。

如果把一个渴望在自己事业上更上一层楼的员工和企业比喻成意欲冲天而起的火箭，那墨守成规无疑如同一条巨大的枷锁，阻碍着火箭起飞。它是一股巨大的阻力，阻碍着我们的上升，但也并非绝对无法打破。海尔的企业理念及其今天在世界上所取得的突出成绩，证明了SBU这一企业创新理念的成功。它真正解决了中国企业一贯墨守成规的老习惯，纠正了一些员工不敢创新的老毛病，使海尔的员工在创新中看到了自己的未来，更使海尔集团在创新中看到了更加美好的明天。

在探寻海尔成功的企业理念中，创新是其成功最为重要的一点。一旦某个企业或者是某个员工被固定的思维方式限制了自身的创新，便抹杀了自我突破的可能，只会让这个企业或者员工直接走向倒退，进而缺乏竞争力，局限自身发展的空间，并最终被淘汰。

世界上没有一劳永逸的事情，任何一个企业和员工都

不能只停留在过去的认识之中。社会本身在日新月异地向前发展，只有创新、淘汰，再创新、再扬弃，永无止境，才能永远立于不败之地。

自身观念要时刻更新

TCL 集团股份有限公司成立于 1981 年，总部设在广东的惠州，是一家从事家电、通信、信息、电工产品研发、生产及销售，集技、工、贸为一体的特大型国有控股企业，在越南、德国、菲律宾等国家均建有生产厂。2004 年，TCL 已发展成为世界最大的电视机生产企业，被国际媒体认为最有机会成为“中国第一个真正意义上的国际化企业”。

伴随着集团不断的发展，TCL 的企业文化也经历着从无到有、从自发形成到自觉完善、由点到面的发展过程。其中 TCL 所提出的“创新”的企业文化，不仅包括了“开拓”的内涵，更特别强调“求新求变”的精神，要求企业内的每一名员工都要时刻坚持自身观念的创新，带着这种精神去面对自己工作中的每一个小细节。

据调查，凡是在业界赫赫有名的成功人士，往往都是敢于思考和创新的人。那些企业的高层领导者，他们中有的人针对特殊市场情况，酝酿出远征国际市场的宏伟计划；有的人针对保健品市场竞争激烈的状况，剑走偏锋，制订了开发服饰市场的直销战略；有的人针对传统行业瓶颈的制约，试图运用直销模式杀开一片市场，等等。最终，这些思维的火花、新观念的结晶演变成席卷市场的浩荡烟云，都是为勇敢的创新者绽放的

礼花。

回顾TCL几十年的发展历程，当我们在欣赏TCL全体员工为世人绽放的一个又一个美妙绝伦的“礼花”的同时，我们不得不承认变革创新就是其保持久盛不衰的法宝。其实，创新本身并不鲜见，难的是TCL能从“创新”到“变革创新、知行合一”。

在自身产品创新和经营创新的背后，是TCL人的观念创新，如“以速度冲击规模”、“职业化行为修炼”、“有计划的市场推广”等。这些观念都带动了TCL在各个方面的变革。其中在价值观念方面的创新“以速度冲击规模，以速度创造规模”特别值得关注。

1997年，TCL的变革创新主要体现在“做”，从产品定位到生产、销售，几乎无一环节不独树一帜；而后，TCL发展初具规模，不仅一如既往地在价值链的各个实践环节上推行变革创新，还通过企业文化建设及各种宣讲、落实活动，努力促使变革创新成为全体员工共同的价值观和共同的行为准则，使变革创新的理念在TCL生根、发芽。

在企业经营中，一般都会通过降低产品成本来提高企业经营利润。一般的观念模式会引导人们马上联想到“规模经济”，想到在生产环节中降低产品成本。20世纪90年代后期，各大媒体对彩色显像管的热切关注就印证了这一固有的观念，或者更准确地说是潜意识。在这种市场环境下，TCL通过降低销售环节的成本来赢得优势的做法，不能不说是一种观念上的创新。事实也证明TCL集团的观念创新确实引导了一种行为创新。TCL1997年的彩电销售资金周转速度是72天。如果没有一个较为明确的思想观念引导的话，TCL很难在4年的时间里坚持朝着加快速度、降低成本的方向努力，直至2001年达到30天周转一次的速度。

在 TCL，这样实行创新的例子还有很多，它们贯穿了 TCL 集团的整个发展历程。TCL 的员工对于企业的创新之路是这样总结的：TCL 只有观念的创新，才有行动的超前；只有观念和经营的不断创新，企业才能上规模，出效益；创新，虽不意味着成功，但不创新，因循守旧、满足现状、不思进取，就一定不会成功，就一定会被市场经济淘汰出局。可见，自身观念的创新已经在 TCL 的每一个员工心里深深地扎下了根。这个根也一定会促使 TCL 这棵大树更加枝繁叶茂。

在生活和工作中，我们观察事物、处理问题的时候，往往是从某个原有的视点出发，形成对该事物的概念或印象。然而，经验告诉大家，在遇到事情时，无论是企业还是员工个人都不能墨守成规，要善于转换思路思考问题，要敢于和勇于创新，因为成功在很大程度上都是取决于人的观念。

创新是一种挑战，创新更需要用心投入。真诚的付出必然会收获辉煌的成就。只有在不断的创新中，在不断的挑战中，在不断的进步中，才能体会到成功的激情，并最终获得成功！

打造一流创新思维

全聚德作为一家历经百年沧桑的老店，如今依然保持着蓬勃的生命力。探寻其力量的来源，我们发现了一个重要的企业文化，即不断推陈出新的思想。这对其影响至深。全聚德始终

坚持积极地跳出原有的经营思维和经营范围，探索现代化发展模式，实施了一系列行之有效的创新改革措施：

在管理方面，全聚德建立以特许经营权为核心的企业管理控制系统，导入CI理论，实行特许连锁经营；在经营结构方面，以宴席为基础创办特色快餐、送餐以及“超市餐饮”等全新就餐模式，形成高、中、低档层次经营；开发各种计算机管理系统并推广到连锁店中。

在技术方面，全聚德更是在过去新型环保炉的基础上不断创新。在“2007北京商业高峰论坛”上，全聚德集团总经理邢颖透露：“现在北京的部分企业，特别是外埠企业，要强行使用电脑烤炉。电脑烤炉在保证质量的同时，又简化了烤制程序，实现了烤鸭的标准化和自动化。”据了解，全聚德改用电脑烤炉，是公司上市后作出的战略调整。这又一次实现了传统工艺与现代科学手段的完美结合。

在菜色方面，全聚德的厨师们不断研究古代的食物做法，发现当年努尔哈赤常年奔波于马上，一般把干粮用菜叶包起来。这叫做“吃包”。厨师们就利用这个吃法，推陈出新，创制出如今全聚德23个特色菜之一的雀巢鸭宝。厨师们为使全鸭席符合现代人的高蛋白、高纤维、低盐、低糖、低热量、低胆固醇的要求，在烹调方法上打破纯山东风味的模式，积极尝试粤菜、川菜以及国外的制作工艺，增加了多种辅料。厨师们的努力使全聚德每月都有几十种新菜同顾客见面。

近年来，全聚德集团坚持召开“经济技术创新工程最佳成果表彰大会”，以表彰奖励在过去的一年为全聚德集团改革发展作出突出贡献的先进集体和先进个人。全聚德集团开展“经济技术创新工程最佳成果评选表彰”活动已经10多年了。此活动已被广大员工认同为全聚德企业管理理念的一个重要组成部分，已成为促进全聚德发展的极大凝聚力和鼓励员工积极向上的一

种好形式。

2005 年，全聚德还先后获得了“全国商业质量管理奖”、“中国食文化优秀企业”、“中国特许奖”、“中国餐饮百强企业”、“中国最具生命力百强企业”、“实施卓越绩效模式先进企业”、“北京市宣传思想工作创新奖”、“北京市质量管理先进企业”等荣誉。在“2005 北京影响力”评选活动中，全聚德品牌获得了“影响百姓生活的十大品牌”称号，位居榜首。2005 年 8 月 6 日，在由世界品牌实验室联合《世界经理人周刊》召开的世界品牌大会上，全聚德当选“中国 500 最具价值品牌”，排名第 49 位，品牌评估价值为 106.34 亿元。

在迎接 2008 年北京奥运会职工技能创新活动中，全聚德集团北京亚运村店职工根据全聚德老字号享誉世界的特点，创出了许多有关奥运体育文化主题的菜品，深受中外顾客的喜爱。目前，他们已接待了许多奥运会冠军以及数十个国际奥运体育单项组织。

在全聚德的成长历程中，我们发现一条清晰的脉络——是一流的创新思维引领他们走向了成功。然而，对大多数人来说，创新、创造却是陌生而神秘的，似乎它只是少数天才的专利。其实，创造有大有小，内容和形式也可以各不相同。特别是在 21 世纪的今天，创造活动已经不仅是科学家、发明家在实验室里的工作，它已经深入到我们每一个人的生活、工作、学习之中。只要坚持不断创新的精神，任何人、任何企业都可以在未来迸发出创造的火花，结出成功的硕果。

创新的思维对企业来说是一种经营思想和策略，创新的思维对个人来说是一种态度。全聚德集团始终坚持进行全方位的、适应社会发展的改革举措：首先，把创新真正落实到了自己的经营理念之中；其次，把这种创新的态度深入到了每个员工的心中，使其体现在每个员工的行为上。

企业创新的一系列举动可在一定程度上转变成这个企业的一种精神、一种管理理念。同时，企业创新精神也促成了企业员工的积极向上的心理状态，把一切变得更美妙、更有效、更方便。

创新至关重要

创新是海信的灵魂，是海信的一面耀眼的旗帜。技术创新又是产品质量的根。海信今日的辉煌，可以说源于它对技术创新的执著，更可以说是它意识到了社会赋予企业的不可推卸的技术创新责任。这种责任感正是海信追求高效创新、挑战自我的原动力。也正是这种责任感让海信立志成长为国际型大企业，成为中国技术型企业的表率。

在科技发展方面，海信集团坚持“博采众长，勇创新高”的科技宗旨，始终贯彻以“非国际先进技术不引进，非国内先进产品不生产”的科技发展战略，走出了引进—落后—再引进—再落后的圈子，走上了引进—消化—吸收—创新的发展之路，成为国内企业技术创新的先行者。海信集团董事长周厚健在谈到技术创新与产业扩张问题时曾经说过：“海信一定要保证在把钱换成技术之后，能用这个技术再换来更多的钱。”

在技术创新上，海信投入了较大的人力与财力，通过成立海信技术学院设立博士后流动工作站、新上软件公司等一系列措施，由融资向融智转变，使企业由资本驱动转向知识驱动。2002 年，海信的空调分公司又开发出具有自主知识产权技术的

“IDF”智能变频中央空调。此空调的研发成功，填补了我国空调业在高端技术领域内的多项技术空白，堪称我国空调业发展史上里程碑式的革命。

2007年，平板电视市场风云再起，在外资品牌产品价格集体跳水时，国产品牌则更注重铸造价值。据中怡康统计机构公布的统计数据，中国品牌在3月份再次赢回市场优势地位。海信平板电视的研发能力正是在“近”与“远”的规划中快速提高。海信“真+”系列产品、双核点晶系列产品领先同行上市，这是海信全新的研发体系下的成果。不仅海信电视的销售量、销售额一度占据了第一位，海信液晶电视也以13.29%、11.19%的绝对优势一度占据了销售量和销售额的第一位，表现出强劲增长势头。正如彩电分析专家陆刃波所说：“海信的一枝独秀在于其深厚的技术底蕴，技术优势是其保持3年市场领先的关键。”

近十年来，海信始终坚持“技术立企”发展战略，引进国内外专家人才，成立专门研发所，加大研发投入。近几年，海信在平板电视领域取得290项自主研发的专利成果，补足了中国平板电视核心技术的短板，在平板电视市场竞争中赢得与世界知名品牌同步发展的重大机遇。众所周知，科技创新必须以市场需求为导向，要“创造市场，引导市场”。海信图文电视、海信工薪变频空调、海信掌上电脑等的研制、开发，就突出地体现了海信集团保持不断创新的市场原则。

另外，海信也十分重视人才方面的创新成果。多年来，海信广纳全球平板专家人才，相继在美国、南非和欧洲成立海信研发分中心，初步完成海信研发机构的全球化布局。海信将技术研发分中心设在美国硅谷和荷兰就是要紧跟全球平板电视核心技术的最前沿，与世界一流的平板研发水平保持一致。

2005年6月，海信成功研发出中国第一片具有自主知识产

权的数字音视频处理芯片“信芯”。在开发过程中，相关课题组的研发人员更是如同上紧发条的时钟一样勤奋工作，确保了设计方案的进一步完善。在试生产期间，研发人员更是吃住都在生产第一线，发现问题及时解决，加快了新品上市的进程。

曾经有人请教苹果电脑公司创办人之一史蒂芬·乔布森有关苹果公司的成功经验。他的答案非常经典：“我们雇佣真正懂行的人，同时创造一个大家可以犯错及成长的环境。”失败乃成功之母。尤其是技术型企业，只有历经了不断的创新、不断的失败之后，才可能取得最后的成功。所以，有远见的企业会鼓励员工敢于创新，允许他们犯错，并认为错误是为其他员工及公司成长所付出的必要代价。

鼓励创新的海信为技术人员提供了可以犯错的环境。只要技术人员认为自己有足够的热情进行创新，并且愿意将其释放出来，海信不会阻碍而且会尽量提供合理的支持条件。同时，海信大胆起用年轻人，打破论资排辈惯例，对确有成绩的年轻技术人员给予破格评高级工程师、工程师等待遇。正是依靠这种机制，多年来，凡是海信接收的人才，很少有人离去，因为都感觉“有了用武之地”。员工的创造力成为海信成功发展的最好保证。

海信把创新看做企业至关重要的一个理念来落实。在多方面进行的一系列创新举措，使海信在应对市场的变化时显得更加从容而自信。在许多家电企业因循守旧、徘徊在歧路之时，崇尚创新的海信早已凭借内部积蓄的充沛的创新之力，完成了漂亮的蜕变，在互动电视、智能变频、CDMA 手机等领域拓展出了崭新的天地。

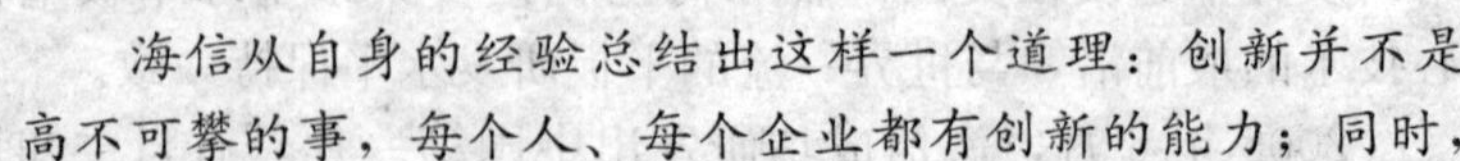
海信从自身的经验总结出这样一个道理：创新并不是高不可攀的事，每个人、每个企业都有创新的能力；同时，

创新能力与其他能力一样，是可以通过培养、训练而激发出来，并在实践中不断得到提高的。

创新是人类共有的可开发的财富，是取之不竭用之不尽的“能源”。无论是企业还是员工个人都要把创新视为工作中的重中之重。因为在这个以新求胜、以新求发展的世界，员工创新力的高低，很大程度上决定着公司创新力和竞争力的高低。

绝不一味地模仿他人

索尼的创始人井深大和盛田昭夫在创立索尼之初就定下了“绝不模仿他人”的原则。后来这逐渐发展成了索尼的一个具有特色的企业理念。这种创新精神一直伴随索尼拼搏至今，开辟了索尼的天地，打造出“SONY”的金字招牌，吸引了一代又一代的消费者。

索尼的两位创始人井深大和盛田昭夫分别说过这样的话：“做别人没有做过的事”，“我们要开创一个市场，而不是去附和既存市场”。从索尼两位创始人的话中，我们可以真切地体会到索尼把“绝不一味模仿他人”的创新精神看得有多么的重要。索尼一个又一个的骄人成绩，也恰恰有力地证明了这个企业文化所发挥的巨大威力。

20 世纪 60 年代初，索尼被称为“土拨鼠般的企业”，意思是说作为小企业的索尼不断地推出了很多以前市场上从未见过、实际上也没人制造过的新东西。每当索尼生产出一种新产品，同行的巨头们就会等着看是否会成功。如果成功，他们就会在

市场上推出大量的相同产品，分享胜利果实。很多年来，首先出场的索尼就像用于实验的土拨鼠。比如在晶体管方面，索尼原先是领先的，但后来东芝投巨资建立工厂，产量一下子就超过了索尼。与那些资金雄厚、已有数十年历史的大企业相比，根基尚浅的索尼自然处于弱势。但是索尼始终认为：即使错了或者企业受到暂时的损失，也不要去模仿别人的产品，模仿就失去了企业存在的意义。如果模仿别人，索尼就不是索尼了。可以说，是创新的精神一直支撑着索尼每一步艰辛的探索。

索尼的创新精神始终体现在其企业的应用模式、核心技术、营销策略、业务发展等领域之中。索尼公司在第二次世界大战后开创了AV市场（视听器材），推出了如Walkman、CD唱片、家用摄像机、晶体管收音机等产品。除电视机外，主要的AV商品几乎都是索尼首先开发的。

在电视机领域，索尼的不模仿的精神更是体现得淋漓尽致。在黑白电视机方面，索尼开发了便携式微型电视机。彩色电视机是美国首创的。1960年，电视台开始发送彩色信号，日本的日立、松下、东芝等大企业都在开发彩色电视机，索尼相比之下已经远远落后了。然而，经过长时间的摸索，索尼终于明白，这项技术应用于彩电还有许多的问题难以解决。美国的彩电开发商正因为十分明了这一点，才采用“遮蔽屏式”技术。索尼在这个问题上终于有了突破性的创新，提出和实现了单枪三束显像管，终于在1968年最终完成了高清晰彩电开发。

在业务发展上，过去一系列的成功，让索尼的眼界变得更加开阔，企业业务发展的魄力也越来越大。1988年1月，索尼以20亿美元收购了哥伦比亚广播公司属下的CBS唱片公司。两个月后，盛田表示：“只有软件的发展，新的硬件才会发挥作用。我想不仅是音乐，还包括电影在内，索尼要确立更大、更广的软件业务。”

为了实现更宏大的“硬件+软件”计划，消除在家用录像机格式大战中落败的灰色回忆，索尼的目标指向了哥伦比亚影视公司。现在，索尼的这种布局正在竞争中发挥出得天独厚的优势。在DVD格式标准的残酷大战中，以索尼为首的蓝光阵营，和以东芝为首的HDDVD阵营展开了激烈的搏斗。有CBS唱片公司和哥伦比亚影视公司在内容方面的坚强后盾，索尼似乎略胜一筹。

当回顾索尼发展的几十年历程的时候，盛田颇有感慨地说：“绝对要保持公司的本质不变，一定要认清什么是可变的，什么是不可变的。如果你做不到这一点，就有可能在创新这个借口之下，改变本已树立起来的公司最为重要的本质。”盛田的话说明了一个企业一定要依靠创新，而不能一味模仿他人的企业文化。这是实现企业不断飞跃的秘诀所在。

索尼用几十年的发展经验告诉我们：创新不是一味地追求新鲜，也不是固执地坚持己见，创新需要的是适应与选择。企业和个人往往自我设限，只会墨守成规地去模仿他人，不愿意、不敢也不会转个方向、换个角度去进行创新。然而，抗拒创新、一味模仿的心态只会牵绊我们前进的脚步；只有坚持完成新组合，打破旧规则，才会让我们迈进成功的大门。

好产品源于好创意

IBM公司于1914年成立，其中文译名为“国际商用机器公

司”，其创始人是托马斯·沃森，公司总部位于美国纽约州。IBM 是目前全球最大的 IT 公司，其年收入让其连续位居《财富》全球企业 500 强的前列。IBM 在全世界共拥有雇员几十万人。人们经常把 IBM 看做电脑的标志，它生产的产品如磁盘驱动器、软件、外设和半导体等均处于世界领先地位。

美国知名杂志《时代周刊》曾经这样评价 IBM：“IBM 的企业精神是人类有史以来无人堪与匹敌的……没有任何企业会像 IBM 公司这样给世界产业和人类生活方式带来和将要带来如此巨大的影响。”IBM 本着被世界普遍认可的理念——一直执著于各种创新，开发出了许多对社会贡献巨大、对企业影响至深的好产品。

IBM 的每一个员工都十分富有创新意识。他们不但认可 IBM 提倡创新的企业理念，还把这一创新意识落实到了自己工作中的方方面面。在企业学习方式上，IBM 中国区的经理们结合自己工作十分繁忙的现状，创造出了既节省时间，又能达到很好效果的学习方式，即“Mailcast”方式——设计一个课程，通过电子邮件的形式传播给各地的经理人。每次教学邮件都设计了生动的形象、丰富的表情，以蓝色为主调（这是 IBM 的老传统），还配有悦耳的声音。这些都使学习成为一个愉快的经历。

这一学习方式后来传播到了 IBM 印度分公司，而欧美各国的同事们也正在推广它的应用。一位印度的经理人在尝试了这样的学习方式后说：“加入 IBM 十年来，这是我见到的最具有创新性的学习方式！”

IBM 公司取得的巨大成功证明员工的创新精神对企业的发展、对促进好产品的开发的重要性。所以，IBM 为了激励科技人员的创新欲望，加快创新成功的进程，在公司内部实施了一系列别出心裁的激励创新人员的制度。IBM 规定，对有创新成

功经历的员工，不仅授予其“IBM 会员资格”，还提供一年的时间和必要的物质支持，从而使其有足够的时间和资金进行创新活动。

这个激励制度对促进员工的创新精神十分有效。它对那些优秀的创新者不仅意味着一种有效的报酬、一种强有力的促进剂，也是一种最经济的创新投资手段。它使积极参加创新的员工获取了实物形式的自主权。

从 IBM 公司采用的一些奖励措施可以看出其对员工的创新精神十分重视。它既使创新者追求成功的心理得到满足，也是一种经济奖励。以此留住人才，还可以促使他们为公司更加努力地去进行新的创新。

IBM 的创新之举还有很多。例如 2006 年 3 月 IBM 公司在北京宣布其中国创新中心正式成立，并首次向社会全方位完整展示了面向金融、电信、政府、零售、医疗、制造等各行业客户提供的创新平台。这一平台融合了全球权威的行业技术专家的智慧，并以顶尖的软件、系统科技和架构进行打造，为中国各行业创新规划了一幅完整的图景。

IBM 大中华地区董事长及首席执行总裁周伟表示，希望到 2010 年，IBM 能够成为中国各界独一无二的创新伙伴，而作为帮助中国客户和行业协作转型的例证，IBM 中国创新中心将会带来更多来自行业的创新体验。这个创新中心更像一个窗口，帮助客户去接触 IBM 全球资源并与之进行互动。在这里，各行业的中外专家可以通过最先进的视频技术，在任何时间就任何业务进行交流，共同打造企业持续的竞争力和创新力。

无论是产品创新的李彦宏、技术创新的邓中翰，还是模式创新的江南春、营销创新的黄光裕，如今最有“人气”的企业家都离不开两个字——创新，他们所介绍的经验和

发表的感慨也都浓缩其中。IBM公司作为世界公认的IT界翘楚，同样也不例外。

当重塑一种文化时，无论是企业还是员工个人都必须具备足够的勇气和耐力坚持自己的信念，或者说，具备抵抗阻力的能力；但这还不够，还必须有能力发动引擎，产生牵引力。在企业经营中坚持创新的理念，在员工工作中坚持创新的思维，必定会为我们带来新的想法，赋予事物以新的力量，而在这种新力量中一定会隐藏着一个又一个成功的机会。

创新是力量的来源

一个优秀的企业管理理念，能够造就卓越的企业以及一批卓越的员工。微软就是这样一个鲜活的例子。微软始终坚持在企业的各项工作中切实贯彻创新的企业管理理念，并把其真正落实到每一个员工的身上。从微软多年来的发展来看，它在这一点上获益匪浅。

在与客户相关的工作上，微软给人们提供了创新的平台：通过确定新的业务，孵化新的产品，在已有的业务领域里面增加新的客户需求，探索获取新的理念和经验，同合作伙伴合作等来拓展客户的选择范围。

在领导平台的创新上，增加对平台的创新，为客户和合作伙伴带来效益以及商业机会；坦率地探讨未来发展的方向，获取反馈；与合作伙伴共同努力，确保他们的软件在微软的平台上运行更加顺畅。

每一位微软员工都能积极响应并自主进行创新。微软的软件设计师们生活自在，工作从容。他们上班不受严格的时间约束，工作间放着动听的音乐，颇有点儿咖啡屋的气氛。在这样的环境下，员工们时常会迸发智慧的火花，产生许多好主意、好创意。这种举重若轻的设计环境恰恰体现出了微软对创新者的关爱。

在当今高速发展的知识经济时代里，企业发展的核心内容就是创新，创新精神应是知识型企业的文化精髓。微软公司不断进行渐进的产品革新，并不时有重大突破。微软人始终坚持在工作中处处创新，不断改进一种成为市场标准的好产品。微软的机制使竞争对手很少有机会能对微软构成威胁，从而创造了微软神话。

从微软文化到微软取得的巨大成就，实现这一连接还有两个重要的因素。其一就是创新的方向。只有目标清晰，以产品为中心实施高度有效、一致的竞争策略和组织目标，创新的效率才能最大化。目标清晰是团队工作成就最大化的保障。其二就是创新的源泉。只有不断进行高效率的学习，创新才不会成为无源之水。这两个因素称不上微软的主要特色，但却是微软实现神话所不可缺少的。

2006 年 4 月 27 日，“2006 微软亚洲研究院创新日”在京隆重揭幕。此次活动旨在通过对微软亚洲研究院既有研究成果的阶段性总结和对下一代计算机技术的集中演绎，展示创新技术在知识经济时代的巨大能量与辐射力。微软全球副总裁、中国研发集团总裁张亚勤博士表示：“今天，微软亚洲研究院的辐射力已经从中国及亚太地区扩展到世界各地，其成功再次验证了中国拥有一流的研发人才与研发潜力。微软公司将更加坚定不移地加大对中国的研发投入，把中国发展成为全球范围内基础科研、技术创新和产品开发的重要基地，更好地满足中国及全

球用户对科技创新不断增长的需求。”

“微软每年有平均 60 亿美元的研发投入，用以保证微软公司的创新优势及不断变化的市场和用户的需求。”微软高级副总裁、首席技术官 Graig Mundie 还指出：“即使是在当今全球范围企业基础科研不断萎缩的形势下，微软公司一直矢志不移，持续加大在基础科研领域的投入，并与学术界广泛合作，分享我们在各个科研领域的创新成果。更为重要的是，我们不断完善内部机制，创造各种机会将最为尖端的科技理念转化成为现实，不断将最好的软件产品与服务带给全世界的用户。”

“微软离破产永远只有 18 个月。”这是比尔·盖茨的惊人之语。它道出了这个掌门人的危机意识：如果没有创新，没有领先世界的技术优势，微软也不是永不沉没的高技术企业航母。

创新是发展的灵魂

天士力集团全称天士力集团有限公司，成立于 1994 年 5 月，主要以制药业为企业核心，产品包括现代中药、化学药、保健品、生物制剂、功能性食品等等，涵盖了许多相关领域。经过十多年的摸爬滚打，发展到今天，天士力已经是一个资产总额超过几十亿元、利税累计超过好几十亿元的高科技现代企业集团。为了能够使企业永远处于这个领域的不败之地，企业制订了一套完整合理的企业理念，把创新理念作为天士力集团发展的灵魂。

企业的发展是以人为根本的。天士力集团为了最大限度地调动员工的创新性，打造出创新型企业，推动知识型、复合型人才成为其企业创新的主体，坚持以资本为纽带，建立了促进

人才成长的创新管理机制，让知识参与分配，让成果参与分配，使知识成为资本。按照“不求所在，但求所用，成果所有，利益共享”的合作原则，建立了一个“没有围墙的研究院”，吸引了许多国内外一流的专业人才加盟；并将自主研究与合作研究相结合，以科技创新作为医药产业的根本支柱，研发一代、生产一代、储备一代、构思一代，形成了包括现代中药、化学药、生物药和保健食品在内的产品体系和产业体系，为天士力集团的发展积聚了很多力量。

俗话说，科技是第一生产力。具有创新型的科技人才更是企业在市场经济条件实现发展的动力源泉。天士力集团在培养创新性人才这一方面，把创新的理念落实得十分到位，从而使企业也获得了丰厚的利益。从这点更能看出，企业需要有创新精神的员工。天士力集团这种制药企业也更加需要有创新精神的科技人才。

除了人才上的创新，天士力集团还有许多其他的创新举措。例如：以标准化为突破点，打造现代中药的产业链；首创了“现代中药”的新概念，打造现代中药第一品牌；走出了一条新型工业化道路，打造出新型的现代化中药数字化平台等。这都为企业带来了看得到的巨大效益。

另外，天士力集团在企业机制上也大搞有利于企业发展的创新之举，以机制创新激活内外资源，增强企业核心竞争力。具体的措施包括：抓住时机推动企业上市，进一步规范企业制度；实行产权主体多元化，推动企业股份制的创新改造；建立创新型、系统化的企业机制；全面强化预算管理、成本管理、项目管理和标准化管理。从这一个个创新举措来看，我们很容易感受到天士力集团推行创新的决心；从天士力今日的企业发展成绩来看，我们也不难体会到这一系列全面的创新举措确实为该企业带来了可观的效益。

从现代中药研发开始，到构筑大健康产业体系，创新是这个过程的核心和灵魂。以创新求发展，在发展中创新，创新给天士力集团带来了不竭的动力，带来了发展的高速度。天士力的成功，也是其企业理念的成功。企业发展积淀了富有特色的企业理念，也正是富有创新力的企业理念造就了天士力今日的辉煌。

创新的企业理念，使天士力集团由一个科研成果，建立了一支人才团队；由一个产品，带动了一个产业的发展；由一个产品销售，建立了一个品牌营销模式；由现代企业管理创新，引发了一种企业理念现象；由一个产品经营，构建了资本运营的基础。

创新并不是高不可攀的事，每个人都有某种创新的能力。创新能力，是每个正常人具有的自然属性与内在潜能的叠加，普通人与天才之间并无不可逾越的鸿沟。创新能力与其他能力一样，是可以通过教育、训练而激发出来并在实践中不断得到提高发展的。它是人类共有的可开发的财富，是取之不竭、用之不尽的“能源”。

灵活创新，基业常青

诺基亚公司来自芬兰，是全球领先的移动通信产品制造商。在移动电话产品市场上，它是世界头号巨头。最初的诺基亚公司是由一位名叫弗雷德里克·依德斯塔姆的芬兰工程师于1865年创立的，当时主要从事纸浆的生产及造纸业务。1967年，诺

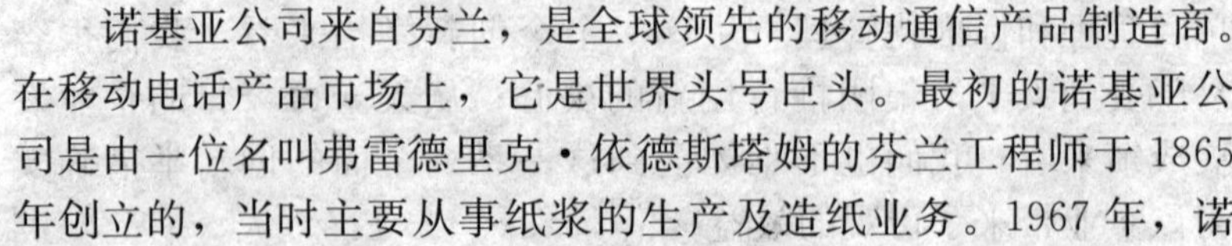

基亚公司与芬兰橡胶厂以及芬兰电缆厂合并，形成了我们今天所看到的诺基亚公司。

诺基亚作为移动通信制造业的全球领先者，推动着该行业朝着更广阔领域持续发展。如今，诺基亚的股票在全球五个主要证券市场上市，股东遍布世界各地。诺基亚建立了“灵活创新，基业常青”的创新理念，以促进自身的不断发展。他们十分注重产品的创新，其产品包括移动电话、图像、游戏、媒体以及面向移动网络运营商和企业用户的解决方案等。

作为中国移动通信行业最大的制造和出口企业，诺基亚深知自身的发展对本企业乃至整个行业的发展都起到了一定的带头作用。如果诺基亚不能够突破原有的陈旧模式，不断开发出新产品，来适应飞速发展的市场的话，那么，诺基亚将失去在这个领域的领先优势，企业的利益也将受到重创，这个产业整体的发展也势必受到影响。所以，他们精心总结、研究出了适合自身发展的创新之路。

灵活创新需要强调变通性和变革，并明确具体的工作目标。

灵活创新的企业理念主要强调的是变通性和变革。企业最关心的是能否有能力迅速适应市场新环境，所以企业在内部人员安排上都要密切保持与外部的联系。企业高度重视员工的创新性与获取资源的能力：寻求合适的供应商、了解顾客的需求、招聘有特长的员工、鼓励有创新性的员工、开拓融资的渠道、观察对手的活动。企业的领导及部门负责人要努力使自己发展成具有企业家精神，敢冒风险，能提出未来发展远景并让员工也理解和接受的管理者。总之，企业的目标是建立一种灵活、机敏、外部取向、创造性的文化，不断获取更多、更广的资源。

革新和先驱式的创新容易促成成功。创新型企业员工的主要工作目标之一就是开发新产品和完善服务，并为未来作好准备；创新型企业管理者的主要目标就是培养企业家精神、创造力，通过适应和革新获得新的资源和利润。

回顾诺基亚在中国的20年，是不断地适应环境和创造市场的20年。

凭借着良好的品牌形象、精湛的产品制造水平以及全球领先的技术实力和独一无二的企业理念，诺基亚坚信自己将在未来的日子里引领移动通信的潮流。

> 企业管理理念源于初衷又回归初衷，需要长期的恪守和保持，才能保证基业的常青。可见，灵活创新的企业管理理念就是诺基亚公司能够长盛不衰的一个秘密武器。这一经验值得所有企业和员工借鉴。

永不停顿，创新不止

1968年，英特尔公司成立。它是全球最大的半导体芯片制造商，具有40多年半导体产品技术创新和领导市场的历史。1971年，英特尔开发出世界上第一块用于个人电脑的4004型微处理器。这一创新的举措不仅改变了公司的未来，而且对整个工业产生了深远的影响。微处理器所带来的计算机和互联网革命，同样也改变了这个世界。

英特尔公司的创新之举，从来就没有停歇过。20世纪80年代，英特尔公司打破常规思维，把普通的芯片制造工艺改造成为世界上最高效、最尖端的工艺。90年代，在创新理念的指引下，英特尔公司的员工通过坚持不懈的努力，不断改进芯片的设计，使它的年销售额增长了7倍，超过250亿美元，资产回

报增长了1倍。

关于创新企业理念，摩尔是这样认为的：计算机的性能每18个月翻一番。只有不断创新，才能赢得高额利润并将获得的资金再投入到下一轮的技术开发中去。所以，早在20世纪70年代初，摩尔作为英特尔公司的创始人，就创建了英特尔公司赖以成功的商业模式——不断改进芯片的设计，以技术创新满足计算机制造商及软硬件产品制造公司更新换代、提高性能的需要。

英特尔为了确保市场份额，抵御其他制造商的竞争，在企业的经营管理以及员工的工作上，始终坚持“永不停顿，创新不止”的企业理念。

首先，在技术方面，不断加强科研开发，并努力拓展产品的适用范围，始终牢牢地把握产品更新换代的主动权。

1997年1月，当人们尚在迷恋廉价的第五代CPU－Pentium MMX时，英特尔使片内一级高速度缓存从16KB增加到32KB，并且对结构也作了调整。1997年5月，英特尔在Pentiun MMX还在热销的时候又推出了第六代处理器的第二个成员Pentium（Ⅱ）。它又代表了微处理器当时的最新技术。后来又有233MHZ、266MHZ、300MHZ、333MHZ四种主频产品。1999年，英特尔已不再满足于全球最大电脑芯片供应商的角色，开始进军网络市场，并推出了新一代的Pentium（Ⅲ）产品。

英特尔公司在确定企业新的增长点这个问题上提出了一些更加有创新性的想法。他们把更多的注意力放在一些专用芯片上，这些芯片可以支持个人计算机处理数码照片和影像。英特尔的员工努力使自己的公司转向网络设备领域，尤其是小型企业使用的联网设备。英特尔对于介入电子商务也很热心，采取的方式是与SAP合作，提供互联网商务处理服务，以帮助各类企业更好地管理他们的供货、生产和销售等体系。

巴雷特说过："全世界目前有两亿台个人计算机，不久这个数字将上升到10亿，而且大多数机器都将联网。我们要重新制订我们的战略，以新的组织文化推进产业的发展，弄清楚这个产业将给我们带来什么样的商机。"

另外，英特尔公司还注重企业推进制度和旧组织文化的革新。

英特尔公司的高层领导认为，企业经过10多年的稳步增长，在企业的组织中既形成了创造性张力，也同样滋生了一些不良的习惯，有的内部组织变得臃肿而低效。公司必须冲破旧习惯、旧文化，开拓新的业务，变低效为高效。因此，英特尔在对旧组织、制度文化实施变革中尤其强调"冲破旧习惯"、"变低效为高效"、"以文化推进经济增长"的策略。

当时，芯片市场已从销量竞争转向价格竞争，这意味着英特尔公司面临着十分严峻的挑战。公司决定将资本投入放慢，利用自己的专长致力于提高已有的生产能力和效率。

英特尔能够在自己的企业经营中不断领先于同行，始终占据着该行业市场的极大份额，利润连年上升，与英特尔全体员工坚持永不满足于现状，时刻不断创新的企业理念是分不开的。英特尔公司的发展经历告诉我们这样一个发展之道：永不停顿的创新文化，对于企业和员工个人保持长久的生命力有着相当深远的影响。

人际管理

建立和谐的人际关系

要和谐地交流

松下电器产业株式会社是松下幸之助在 1918 年创立的。2001 年，其全年的销售总额已为 610 多亿美元。松下电器从 1978 年开始向中国出口产品，1987 年 9 月，松下电器首次在中国（北京）成立了合资公司。上个世纪 60 年代，松下开始实施国际化战略；70 年代，进入海外扩张的高峰时期；70 年代末，发展成为全世界最大的家用电器生产商。到目前为止，松下在中国已成立的生产型合资、独资企业达 59 家，总投资额在 15 亿美元以上。

所谓同事，就是一起做事的人。人之所以成为同事，就是为了完成大家共同的事业。事情完成得不好，那叫事故；事情完成得好，就成为了事业。可见，同事对一个人是多么的重要。对于职场中的人士来说，世界上最幸运的事情就是遇见一个好同事，而比有一个好同事更幸运的事情则是拥有一群好同事。

同样，能否协调好企业内部各方面的人际关系，对企业的兴衰成败至关重要。如果有人不善于处理人际关系，会导致上下级主管不支持，同级之间不协调，与下级关系不正常，干群关系不和谐，员工之间不团结。这直接制约着管理的有效性，尤其影响到企业的兴旺和发展。因此，松下为了企业长期稳定快速的发展，十分注重企业内部员工间和谐有效的交流，并把这一方式总结到自己企业管理理念之中。

针对这一管理理念，松下采取了许多相应的措施。例如，松下的管理人员很注重上下级之间的沟通交流，总裁几乎天天与部门经理通话或面谈。在整体上，公司每月都举行干部例会，各级管理者在一起互相交流并激励对方。松下公司的沟通交流与其他公司的不同之处在于管理人员将自我进步和帮助他人当做自己应该做到的事情，为此松下幸之助曾这样解释："领导者应该给自己的部门以指导和教诲，这是每个领导者不可推卸的职责和义务，也是在培养人才方面的重要工作之一。"

松下幸之助的话我们也可以这样理解，在与同事的人际交往中，如果我们时常换一下看问题的角度和立场，即从对方的立场看问题，就会产生一种奇妙的效果。这样让对方产生一种被尊重感，使对方缩短与你的心理距离，达到一种心理沟通，会大大提高企业同事间的工作效率。

松下幸之助认为，在每个企业中都存在各种各样的人。如果所有的员工都是同一种人，都有相同的性格和能力，这个整体将不会是一个理想的整体，企业也不会有朝气。在松下的观点中，人的差别是组织的重要资源。这种积极的看法使松下主动接纳和包容人的差别，给人以思考的空间，并加以有效利用。

在沟通方式上，松下认为要使员工能自动自发地做事，最重要的是在管理者和被管理者之间建立双向的也就是精神与精神、心与心的契合和沟通。提出要求者要考虑到对方的感情，应尽量采用便于对方回答的“商量式的命令”，如“你的意见怎样？我是这么想的，你呢?”然后留意这个要求是否合乎对方的意见以及是否被彻底了解。

通常，当员工有了明确的自我意识后，就常常习惯从自己的立场出发，以自己的思维方式去看问题。但是一个事业成功的人都懂得站在对方的角度去考虑问题，因为只有这样人与人之间才能相互理解。采取商量的态度，一方面使对方感到被尊重和被需要而乐于接受任务，或难以拒绝、愿意合作；另一方面也有利于对方积极提出自己的想法或建议，充满信心地努力工作。这无论对企业还是员工个人都是有好处的。

除了以上直接解决员工之间关系的措施之外，松下还从许多其他侧面来响应这一企业管理理念，尽可能减少员工之间不必要的摩擦，减少企业内部不和谐的可能性。例如，松下在如何让员工更有成效地配合完成工作方面也颇有研究。在工作需要时，在量材录用的基础上把工作交给最愿意做该项工作的人。这样的人往往在工作中能做出更大的成就。但经营者要始终具有由自己负最终责任的意识，时常关注工作的进展，对工作中出现的问题给予指导。

还有，松下在用人和育人方面，总是尽量看员工的长处而不是短处，即“把七分力量用在观察长处，三分力量用在观察缺点上”。公司的每个人都应以取长补短的态度与同事相处。有部下的人有必要看到部下的长处，并正确地运用其长处，然后注意让其改正缺点。作为部下，也要以同样的方式，注意看到地位自己之上者的人的长处，尊敬他；对其短处则尽量注意加以弥补，成为上司真正可以依靠的力量。

> 怎样处理好员工之间的同事关系、创造出有利于各级员工积极合作、共同进步的工作习惯，创造一个和谐无间、心齐劲足的环境，把员工的积极性和创造性充分调动起来，是一个企业应经常思考和需要解决的现实问题。

轻松沟通才可孕育成功

1945年，沃尔顿筹集2万美元在一个仅8 000人口的小镇上开设了第一家杂货店，并于7年后正式启用“沃尔玛”这一名称。2000年1月31日，沃尔玛的年度（会计年度）销售额为600亿美元，比前一年增长20%，利润的增长速度为26%，其销售额几乎占当年美国零售支出总额的5%。沃尔玛曾多年保持了位居美国500家最大公司榜首的纪录。沃尔玛如此令世人瞩目的业绩与其成熟的企业文化是密不可分的。

沃尔玛提倡员工之间轻松沟通的企业文化。沃尔玛认为只有这样，才能使员工之间碰撞出更多合作的火花，为企业带来更多成功的机会。他们是一直这样认为，也是一直这样做的。

沃尔玛公司前总裁萨姆·沃尔顿曾指出：“沟通是管理的浓缩。如果你必须将沃尔玛体制浓缩成一个思想，那这种思想可能就是沟通，因为它是我们成功的真正关键之一。我们以许多种方式进行沟通，从早晨的会议到极其简单的电话交谈，乃至卫星系统。在这样一家大公司实现良好沟通的必要性，是无论

怎样强调也不过分的。”

所以，在沃尔玛公司每周星期六早晨都集合员工开早会，目的是让所有员工一起探讨和辩论经营思想和管理战略。例会上，员工不分等级，只要是为了企业更好发展的想法和建议，大家都可以自由畅谈、讨论，做出优良成绩的员工也会被请到本特维拉总部并当众表扬。

在这个早会上，员工之间自由轻松地沟通，撞击出了许多好的想法、有着独到见解的建议。一次，阿尔巴马州奥尼安塔分店的一位助理经理订货出了问题，多订了四五倍的蛋糕。为了把蛋糕在坏掉之前全部销出，他想出了吃蛋糕比赛的主意，并把这个主意在开早会的时候提了出来。这个主意得到了大家的热烈讨论和一致认可。沃尔玛公司在奥尼安塔分店的停车场举行这项竞赛，吸引了不少来自其他州的顾客来参加和观看，甚至有一些新闻媒体来采访报道，沃尔玛的名气更大了，沃尔玛这次的损失也大大降低了。

企业与员工的关系取决于相互的依赖程度。这种依赖程度一方面来自员工的贡献率（我们常说 20％的员工贡献企业 80％的利润，那么这 20％的员工就理应受到 80％的重视），另一方面来自外部竞争对手的压力。越是竞争对手需要的人才，企业就越应该重视和保护。从这两方面来看，企业和员工如果能建立起一个轻松沟通的桥梁，使员工在企业之中能够得到足够的认可和尊重，企业就会随着员工积极性的不断提高而逐渐发展。

从沃尔玛公司许多的实际例子中来看，企业与员工之间的沟通不再是一件难事，公司各级同仁都能了解到各分公司和各部门的最新进展，并提出自己的观点看法，帮助公司从各个角度弥补不足。沃尔玛独特的企业文化，使每一位员工有一家人般的亲切感、归属感，为了共同目标奋斗，使沃尔玛保持着强劲的竞争能力和旺盛的斗志。

针对沃尔玛本身的这一重视沟通的企业理念，该公司的中国有限公司副总裁李成杰补充道："我们沃尔玛企业的核心是尊重个人。这不仅包括尊重员工，还包括尊重合作伙伴、供货商、顾客、政府及每一个人。我们提倡公仆领导，管理层的主要职责是协助员工发展，鼓励员工发挥他们的才干，比如鼓励员工想一些节约成本的好办法。做得好的，我们马上鼓励；做得不好，我们也会再鼓励。总之是鼓励员工积极尝试，失败了不要紧。"

在企业管理当中，沟通是相当重要的一项内容。生活中没有沟通，就没有快乐人生；工作中没有沟通，就没有工作的进步；企业中没有沟通，就没有企业的辉煌。当然，管理中没有沟通，就谈不上管理。不懂沟通也就是不懂管理，沟通在管理中的作用就如人的血脉对于人体健康那样重要。如果沟通不畅，就如血管栓塞，其后果是可想而知的。

朋友多了好办事

李嘉诚无论在企业经营还是自己的生活当中，一向都十分重视朋友，善待朋友。可以说在他的生意场上只有对手而没有敌人，这不能不说是个奇迹。然而他没有让这个奇迹仅仅止步于他个人，而是将这种待人处事的方法应用到了自己的企业经营之中，使其作为长江集团一个重要的企业管理理念。这种理念在集团的发展里形成了一种无形的力量，推动着企业的加速

发展。

对于商场中的朋友，李嘉诚有着自己独到的见解。他认为：人要去求生意就比较难，生意跑来找你，你就容易做。那怎样才能让生意来找你？那就要靠朋友。怎样结交朋友？那就是要时刻都善待他人，充分考虑到对方的利益。俗话说得好：朋友多了路好走。

李嘉诚曾经鼎力相助包玉刚购得九龙仓，又从置地手中购得港灯，还率领其他商户围攻置地。但他并没有为此与怡和的掌门人纽壁坚、凯塞克结为冤家而不共戴天。在激烈的商业竞争之后，他们都能握手言和，并联手发展地产项目，开拓共同的事业。

无论是企业还是员工，都需要良好的人际关系网。决定事业成败胜负的一个重要因素，就是如何织好并利用好这张网。有的人整天忙忙碌碌，认识很多人，网织得很大，但漏洞百出，而且又有许多死结。而有的人就不是这样，他们懂得在人际关系网中找到最重要的那一个环节。在企业里，员工效率的高低的一个重要因素是是否拥有一张完美的人际关系网；只有网结得好，才能帮助你成为职场的赢家。企业亦是如此。

一次，香港《文汇报》在对李嘉诚进行专访时讨论到了朋友多了好办事这个话题。主持人问李嘉诚：“俗话说，商场如战场。经历那么多艰难风雨之后，您为什么对朋友甚至商业上的伙伴，都十分坦诚和磊落？”

李嘉诚回答说：“最简单地讲，人要去求生意就比较难，生意跑来找你，你就容易做。”

“一个人最重要的是要有勤劳、节俭的美德，最要紧的是节省你自己，对人却要慷慨，这是我的想法。”

“讲信用，够朋友。这么多年来，差不多到今天为止，任何一个国家的人，任何一个省份的中国人，跟我做伙伴的，合作之后都能成为我的好朋友。从来没有为一件事闹过不开心，这一点我是引以为荣的。”

“要照顾对方的利益，这样人家才愿意和你做生意，并希望下一次继续合作。”追随李嘉诚多年的洪姑娘洪小莲谈到李嘉诚的合作风格时说：“凡与李先生合作过的人，哪个不是赚得盆满钵满!”

长江集团的成功经验告诉我们，“借势成事”是聪明人的选择。这样做的好处，是可以把别人的智慧变成自己的智慧，把别人的力量变成自己的力量，从而改善自己成事的速度和力度。借人、借势是聪明人常用的一种成事之道；利用对方的优势来弥补自己的不足，至少可以弥补自己才智、人力的不足。

在关系网中，“借”是核心。关系网又是人际关系的重要部分。把握了“借力”这一核心，就把握了关系网的精髓，就有可能通过借力完成从没钱、没背景、没经验向成功的转变。其实这也是与朋友合作、互相帮助的一种形式，是成就事业的一种有效方式。

俗话说“一个好汉三个帮”、“多个朋友多条路”。“朋友”在中国传统中是两弯相映的明月，讲究一个肝胆相照，义字当先。朋友在竞争激烈的现代社会里显得日益重要，会使你的生活更快乐，还会为你带来很多机遇。在为自己着想的同时，也能够想到别人，你就会赢得别人的敬仰和信赖，也就不会给自己树立对立面。要时刻善待他人，做对手不做敌手，在任何时候都不以势压人。

一个人的力量有多大，不在于他能举起多重的石头，而在于他能获得多少人的帮助。借用别人的智慧，助己成功，是必不可少的成事之道。长江集团成功的经验再一次

向我们证明了这样一个道理：借身边的朋友之力，一定会对个人乃至企业的事业大有帮助。

对他人长存感激

在李嘉诚的人生信条和办事准则中，有两句话向来是他时刻挂在嘴边的。一句是“滴水之恩，涌泉相报”，另一句是“带着感激之心生活”。他还时常对企业中的员工讲这两句话，要求他们也要在自己的工作当中时刻铭记对待他人要长存感激，要知恩图报，更要善待同事、客户、朋友以及身边的每一个人，这样才会种善因、得善果。

1973年，香港受到石油危机的影响，塑胶原料的价格也不断飞涨，使许多以塑胶为原料的厂家受到了重创，严重影响了这些工厂的正常生产。对于即将面临的这一危机，许多企业显得束手无策，不少厂家被迫停产，濒临倒闭。

由于当时李嘉诚的长江集团已经把主要经营重心转移到了房地产业，并没有在此次危机中受到太大的影响。况且，长江公司本身也有充足的原料库存。

此时，李嘉诚毅然决定帮助这些昔日的同行走出困境。他主张把香港的数百家塑胶厂家入股组建成联合塑胶原料公司。因为由联合塑胶原料公司出面，需求量比进口商还大，可以直接进行交易。李嘉诚再将所购进的原料按实价分配给股东厂家。在厂家的联盟面前，进口商的垄断不攻自破。这些厂家的危机，一下子得到了解决。

在此次救业大行动中，长江集团将本企业12.43万磅原料

以低于市价一半的价格救援停工待料的会员厂家。直接购入国外塑胶原料后，他又把长江公司本身的配额20万磅以原价转让给了需求量大的厂家。

危难之中，李嘉诚领导自己的企业和员工帮助的厂家达几百家之多。李嘉诚因此被称为香港塑胶业的“救星”。

对于此次长江集团的援助行动，李嘉诚曾经这样解释：作为塑胶业的一员，这些厂家都是长江集团的同行，也是昔日一同奋斗的伙伴。虽然长江集团在塑胶业已经涉足不多，但是朋友有难，岂能束手旁观？做人，就要懂得时刻感恩；做员工，就要对他人长存感激之情；经营企业，更要做一个有良知的企业。

这样的例子还有很多，例如李嘉诚曾经涉足五金厂而后转行，但仍十分感激五金厂老板的知遇之恩。所以，他在自己总结出的经营之道中，提炼出适合五金厂发展的企业经营战略方针，告知五金厂的老板。可惜的是当时这个老板并没有及时采纳李嘉诚的建议。所以当五金厂面临突如其来的商业危机时，完全招架不住了，置身于风雨飘摇之中。

李嘉诚是个重情重义的企业领导者，当他获此消息后，马上专程赶往五金厂找到那位老板。他积极地为五金厂出谋划策，建议其立刻停止生产镀锌铁桶，而转为生产系列铁锁。其实，为了让昔日恩人的企业不受到影响，能够正常生产经营，李嘉诚一直在默默地关注着五金厂的每一步发展。一来，他要证实自己的眼光是否正确；二来，他深知五金厂对自己不薄，自己跳了槽，心中总有一种歉疚之情，总想找机会报答。

故此，李嘉诚经常抽空了解五金制品的市场行情。经过一番仔细的调查分析之后，他发现还没有哪一家五金厂专门生产铁锁，不存在其他厂家的竞争。于是李嘉诚坚信：生产铁锁稳保红火。李嘉诚提出，为了保证稳步领先，还应制订计划，开

发系列铁锁。否则，只要一发现有利可图，其他五金厂就会跟风而上，竞争会很激烈。只有永远先人一步推出新产品，才能稳操胜券。

这一次，五金厂老板完全按照李嘉诚的建议安排了企业的生产计划，马上根据李嘉诚的建议组织人力开发系列铁锁。一年后，危机重重的五金厂果然焕发了勃勃生机，盈利丰厚。

乍一看，似乎李嘉诚乃至长江集团在这些帮助行动中并没有得到任何直接的利益。可是，李嘉诚以及长江集团却在这些义举之中得到了良好的口碑，得到其他合作伙伴的认可。当其他企业在选择自己的合作伙伴时，这样的仁义之人，以及这样仁义的企业，与那些只讲求自身利益的企业相比，当然会成为它们的合作首选。

如果没有一份感恩，长江集团以及李嘉诚本人是不可能获得今天的雄霸世界华人地位和成果的。所以，无论是企业还是员工个人，在日常工作中，“我投入你一分，必须要收获三分”的思想，是万万不可取的，这是与商道以及人道相违背的。

工作之中贵在多沟通

美国通用电气公司的执行总裁杰克·韦尔奇十分重视沟通，他始终坚持在自己的工作和日常生活中都“沟通、沟通、再沟通”。作为美国通用电气的执行总裁，他也把这种工作理念带到了企业之中。通用集团最成功的地方，就是杰克·韦尔奇在企

业内部建立的这种非正式沟通的企业理念。通过这种特殊的沟通方式，通用集团不失时机地让企业的每一个员工感到执行总裁杰克·韦尔奇在自己身边，感到企业对自己的尊重以及重视。

在通用集团，杰克·韦尔奇每次都是在事先不通知的情况下去造访工厂以及办公室，并临时安排与下属员工共进工作午餐等，一些员工还会从传真机上收到杰克·韦尔奇亲自书写的留言条。这让每一个员工都深切体会到了他的亲和力。

这一系列举动，都是为了使企业与员工最有效地进行沟通，引导企业更好地发展，使许多问题消灭于萌芽状态。另外，作为通用集团的执行总裁，能够采用便签的形式与企业的普通员工进行沟通，也大大体现了企业对员工的关怀，使员工感到自己与企业之间不是单纯的雇佣与被雇佣的关系，还可以进行平等的交流。

通用公司的一位经理曾这样描述杰克·韦尔奇："他会追着你满屋子团团转，不断和你争论，反对你的想法；而你必须不断地反击，直到说到他完全佩服你的建议或思路为止。而这时，你的这个建议也势必会为企业带来新的成功。"这就是沟通的巨大价值。

许多企业都十分推崇这种有效的沟通方式，赞成企业与员工之间多沟通、员工与员工之间多沟通、员工与客户之间多沟通……总之，在有效沟通的氛围中，企业的盈利状况、组织成员的结构、最新战略、面临的困境，几乎所有人都能随时了解到，能把危机消灭于萌芽之中。

而且，这样的有效沟通也可以唤起企业每一个员工的真诚，并让员工有渠道表达出利于企业发展的个人看法和意见，从而通过每一个员工积极的沟通和参与，发挥出集体的智慧，帮助企业渡过每一个难关，加速企业日益壮大。

杰克·韦尔奇也说过："我们希望每一个员工都要勇于表达

自己的反对意见，呈现出各个事实的侧面，并尊重不同的观点。这是我们化解矛盾的方法。”

的确，韦尔奇说得十分有道理。对于一个企业来说，员工之间如果能够形成一种时刻多沟通的氛围，不但可以使上下关系十分融洽，还可以使企业及时得到最基层的信息反馈，进而让员工们思想统一、行动一致。企业要想再创佳绩自然不在话下了。

沟通无处不在，生活本来就是由人与人之间的联系构成的。如果缺少了沟通，人们做什么事都将会举步维艰。同样道理，如果企业缺少了员工之间的有效沟通，就会像人体缺少了血液循环一样，最终导致企业走向灭亡。

所以，在企业之中，企业与员工、员工与员工、员工与客户之间的经常性的、有效的沟通，一定要渗透到日常工作的每一个细节之中。这样才能达到沟通的良好效果，这样才能为企业发展添砖加瓦。

诚信管理

构建个人的诚信王牌

仁德诚信缺一不可

每一个企业都是一个由多元文化构成的价值观体系。企业理念不仅体现了个体价值观及这些价值观的融合，还与企业组织结构中的各种客观要素相联系。在企业这种拥有多元文化的组织结构中，诚信是文化的一个重要组成部分。只有加强诚信文化的建设，才能在企业中真正树立诚信理念，赢得企业的可持续发展。全聚德作为一个百年老店，始终把诚信作为企业重要的经营理念。

回顾发展之初的全聚德，其名字的由来也是有一定的特殊

含义。据说当年全聚德取名的时候，杨全仁对于其中的“聚德”二字非常满意。“聚拢德行”，表明自己做生意是讲究德行的。在后来全聚德的发展中，讲究德行主要体现在做人的义气和做生意的诚信上。

首先，全聚德讲究仁德诚信的企业理念得到了许多业内人士的认可。当时，天津登瀛楼的厨师吴兴裕、面点师傅黎震林等，都是被全聚德讲仁德诚信的氛围所吸引。他们认同全聚德的这种文化氛围，千方百计地主动到全聚德工作。因此全聚德的掌柜和师傅之间的关系既是雇佣和被雇佣的关系，又远远超出了这种雇佣关系。其次，全聚德内部本就存在紧密的人际关系，烤鸭师傅也大都是从徒弟中选出来的。他们长年累月生活在一起，在重仁爱、重德行、讲义气的风气影响下，努力创造良好的人际关系。因此全聚德的师傅们和徒弟们之间进一步建立了更为紧密的情谊，在工作上能互相配合。

另外，全聚德的诚信理念并不是仅仅体现在它的社会信誉上，也体现在其待人以诚、用人不疑的内部诚信上。据记载，在生意红火的时候，全聚德一天要卖出上百只鸭子，烤鸭师傅们仍然坚持亲自给这上百只鸭子吹气，一天下来往往脸都吹肿了。当时全聚德送外卖的伙计要同时负责为顾客片鸭子。这个过程同样是一个无法监督的过程，但伙计们为了练习片鸭子的技术而争相送外卖，也就不需要监督。即便不是直接学习技术的工作，伙计们也一丝不苟地对待，因为每一项工作都代表着自己是否是个能干的人，进而关系到自己在全聚德能否立住脚。

由此可以看出，全聚德的工作主要是靠师傅和伙计们的自觉的工作态度来主动完成的。掌柜们需要做的就是充分信任店里的师傅和伙计，并通过各种仁爱的举动表现用人的诚意。掌柜对师傅和伙计讲究诚信，给他们足够的空间，使他们愿意和能够在工作中发挥主动性。掌柜们待人以诚、用人以信，全聚德每一个岗位的员工都在工作上兢兢业业，努力维护个人工作信誉，从而共同形成了全聚德内部的诚信文化。

全聚德通过产品标准化、服务规范化以及多种社会公益，切实维护了老字号的信誉，实现了全聚德“诚信为本”的经营观念，并在经营活动中处处落实诚信的理念，如在顾客光临时请顾客提出意见。1995 年，河南的一位顾客在全聚德买了一只 2 斤 9 两的烤鸭，回家后一称少了 6 两，于是按照包装上的电话号码与全聚德联系。全聚德马上彻查此事，后来发现是一位员工粗心大意，贴错了标签，于是全聚德不仅写了道歉书，还把连同扣发该员工的 100 元罚金邮寄给这位顾客。像这样讲究诚信仁德的例子，在全聚德上百年的发展中，简直是举不胜举。

全聚德建立了一个以德为先、以诚为本的企业理念，还体现了全聚德人对社会的关爱，以及全聚德所代表的一家团聚的情谊。以情谊为核心凝聚员工，属于企业理念的外部建设。由此可见，全聚德的诚信理念已经变成了一种无形资产，它反映了企业的信用、实力和形象。

事实证明，失败的企业也并非没有相应的管理，恰恰是缺乏诚信的企业理念导致了它的失败。全聚德实行仁德诚信的企业理念，不但提高了企业管理者及员工的诚信水准，还借助这一企业理念的建设过程，增强了企业竞争的实力。

始终坚持“诚信第一”

美国通用电气公司是1982年由老摩根出资把爱迪生通用电气公司、托马斯—休斯敦国际电气公司合并而成的，简称GE。早在1906年，GE就开始发展同中国的贸易，是当时在中国最活跃、最具影响力的外国公司之一。迄今为止，GE的所有工业产品集团已在中国开展业务，拥有12 000多名员工，并建立了50多个经营实体。GE在全世界100多个国家已经开展了自己的业务，在全球拥有的员工将近300 000人。

杰克·韦尔奇作为GE的领军人物，十分重视诚信理念的建立。他曾经说过这样的话：“在我的早年岁月里，我近乎疯狂地要求自己诚实守信，与官僚浮夸作风进行斗争，哪怕这样做意味着我在通用不会获得成功。”韦尔奇的这句话说明了他对企业实行诚信经营的重视程度，也可以帮助理解通用能够始终坚持诚信第一的巨大决心。

通用诚信的企业理念与其他企业的不同之处就在于在“对自己诚信”方面的努力，形成了“正直的理念”，而不仅仅是努力达成那些显而易见的诚信。通用所做的是帮助员工靠近诚信的目标，帮助员工实现承诺，同时公司在所有问题上坚守诚信原则。

首先，通过制订合理的计划和不断调整计划，通用力求保证承诺和结果之间的一致性。其次，鼓励那些有利于公司实现承诺、有利于部门和个人直面现实的行为。为了切实贯彻执行企业诚信的行为准则，GE又制订了一整套诚信政策。诚信政策的简要介绍被印刷成册，员工人手一本。GE员工每年定期签署

"员工个人的诚信承诺"。政策内容涵盖了与客户和供应商的关系、与政府部门的交往、全球性竞争、GE 社区和保护 GE 资产等方面的内容。例如，政策规定，在与公司的客户和供应商打交道时，无论交易额有多大，无论业务发展压力有多大，GE 均要求员工只通过合法和符合道德标准的方式来开展业务，不得为获取不当利益而向客户或供应商提供任何有价值的东西。在和政府部门或官员来往时，GE 承诺按照最高道德标准与一切政府的代表交往，并遵守适用的法律和法规。再如，公司要求员工"防范任何公司利益冲突"，不得从供应商、客户或竞争者处接受超过一般价值的礼物。GE 还针对国际贸易、商业竞争、财务控制等方面制订了切实可行的诚信政策。

在执行诚信政策时，通用电气公司不仅要求自己的员工严格遵守，还要求所有代表公司的第三方，如代理商、销售代表、经销商等承诺遵守适用的 GE 政策。

杰克·韦尔奇在不同的场合一而再、再而三地强调 GE 对诚信政策的坚定承诺。韦尔奇认为诚信是 GE 员工 100 多年来创造的"一份无价的资产"；没有什么东西，无论是完成业务指标，还是上级的命令，还是客户服务，能比行为正当、坚持诚信更重要。

在 2001 年 GE 公司全球高级经理人大会上，杰克·韦尔奇给与会的 GE 经理们留下十点临别赠言，其中第一点就是关于"诚信"。他说："常常有人问我'在 GE 你最担心什么?''什么事会使你彻夜不眠?'其实并不是 GE 的业务让我担心，而是某人在某个环节做出了从法律上看非常愚蠢的事，而这些蠢事给公司的声誉带来污点并且也把他们自己和他们的家庭毁于一旦。在诚信上绝对不能有任何松懈。'诚信'讲得再多也不过分。诚信不仅仅是法律术语而且是更广泛的原则。它是指导我们行为的一套价值观。它指导我们去做正确的事情，而不仅仅是合法

的事情。”

GE在任何问题上都毫不犹豫地坚持企业的诚信原则。例如，GE在年初对外界公布业绩计划时，只是将最高管理层与各部门商谈后定下来的业绩指标进行简单相加，然后公之于众，决不进行任何缩减以便在年度结束时向股市汇报超额完成任务佳绩，并且在高层管理会上严正拒绝部分管理者在这方面的提议。公司内部如果有不遵守诚信的行为特别是被内部员工发现的不诚信行为，会自上而下、从一个部门到另一个部门传递开来。

GE在诚信方面总是那么坚定，每个员工都可以充分地信任公司。这样，员工的注意力就会放在如何竭尽全力实现目标，而不是放弃努力、转而采用其他投机手段上。找到要求和结果的平衡点、激励和惩罚的平衡点，让每个人放松下来全心全意工作，这就是建立真正的诚信理念的基础。

实际上，诚信理念是企业存亡与兴衰的试金石。只有有了诚信，企业才能够最终赢得客户，赢得市场，赢得一种长期的可持续发展的格局；否则，企业最终都会走向衰败。有一些企业非常重视诚信，例如海尔确定了“首先卖信誉，其次卖产品”的诚信理念，从而成为家电业的巨人。相反，虽然我国保健品市场很大，但有一些保健品企业却很短命。因为它们缺乏诚信理念，用虚假广告骗人，甚至改头换面地使用一些老处方，却将其作为新产品向客户推销。所以，诚信理念应该是企业必须牢固树立的经营性理念。诚信是企业存在和发展的基础。

诚信文化理念是企业兴旺发达的基础。只有在经营活动中遵守诚信理念，企业才能拥有比较广泛的客户，才能做到既保持老客户，又创造新客户，从而保护原有的市场和开辟新的市场，最终才能使企业高效益地发展。如果一

个企业缺乏诚信理念，在经营活动中损害了客户的利益；那么虽然可能在短时期内获得一定的利益，但是从长期利益角度来看，则是一种自我毁灭。

诚信可赢天下

《论语·为政》曰：“人而无信，不知其可也。”“人无信不立，商无信不财”是中国的俗语。古往今来，诚信一直受到人们的重视。在各方面高速发展的当今社会里，诚信已经成为一个人最好的名片，诚信更是企业最好的企业形象。

王永庆在商场上摸爬滚打多年，一手创立了今日的台塑集团，更是一直把“诚信”贯彻于企业经营的始终。他坚信诚信文化可以助其企业获取更多成功的机会。

1973年，王永庆的台塑集团为了扩建厂房，办理现金增资，向社会承诺增资股将以每股244新台币元的价格出售。股东们纷纷踊跃投资，响应企业的经营策略。但是，股市行情常常变化莫测、难以掌握其中规律，而且许多因素也是不可预测的。恰巧在这一年，爆发了石油危机。台湾的石油大多依靠进口，因而大多数企业的运营都受到了很大冲击，股价大跌。

不久，在台塑公司召开1974年度股东大会时，那些被套牢的股东向他提出成交价与市场价之间差额问题，希望台塑集团能够出面补足。王永庆当场爽快答应，马上作出承诺：在6月30日以前，如果增资股的市价未超过244新台币元之承销价，台塑公司愿意以6月30日的收盘价作为补足承销价与市场价差额的基础。结果，台塑公司增资股6月30日的收盘价只有202

元。他依照约定每股退回 42 元，一共退了 4 000 万元，开创了股市空前的纪录。王永庆如此信守诺言的做法，换来了股东们的信任，也为日后的企业发展打下了坚实的基础。

后来，台塑决定战略转移，由石化工业转向电子工业。此举风险性很大，但股东们坚决支持王永庆的决定；因为王永庆承诺了股东们将会获得更多的红利收入。在这些台塑集团股东的心里，十分清楚王永庆是一个宁可自己吃亏，也要讲究诚信的君子，更是一个信守承诺的企业家；所以对于他的决定，股东们都会大力支持。

还有台塑的一个关于台塑集团讲究诚信的典型案例：台塑集团经过全体员工的共同努力和奋斗，实力不断增强。在 1978 年的时候，台塑的营业额就已经突破十亿美元，已具备与世界大企业竞争的条件。当时，台塑集团欲扩大规模，急需 1 500 万美元。王永庆向台湾的银行借款，遭到了官僚体系的种种刁难，他不得不转而向外国银行试试运气。外商银行的作风，可比台湾当地的银行更加实际，他们更加注重的是一个人的信用评估，而非房地产抵押、保人等评估形式。

经过一番全面细致的多方调查之后，三家银行——英国建利百联银行、美国运通银行、美国信孚银行——决定联合放贷 1 500 万美元给台塑集团。贷款利率极低，创下了历年来贷给台湾企业资金利率最低的纪录。

这三家银行只要求他个人担保就行，并未要求台湾的任何银行担保，这在国际金融业引起了极大的震动。一位外国银行的高级主管曾经这样表示："王永庆的英文签名，就是信誉的保证，可以提供无限制的长期贷款。"

当台塑集团每一次出现危机，需要个人或者企业帮助的时候，他们都会毫不犹豫地相信王永庆、相信台塑集团。多年来王永庆和台塑集团凭借言出必行的信誉和讲究诚信的企业作风，树立了良好的个人形象以及企业形象。所以追根溯源，是诚信帮助他以及台塑集团在险象环生的商场中取得了一个又一个的成功。

莎士比亚说过："如果要别人诚信，首先要自己诚信；失去了诚信，就等同于敌人毁灭了自己。"诚实守信是中华民族五千年的优良传统，是为人处世之道，也是商海经营之道。诚实守信本应是受世界各民族尊重的一种美德。诚信，也是现代社会中人与人之间的基本准则。尤其是在全球经济一体化的今天，诚信更是企业发展壮大和立于不败之地的法宝。

工作要以诚为先

墨子曰："言不信者，行不果。"在现代社会之中，一个缺乏诚信的企业必然会失去原有的市场、客户以及竞争力，并最终会被淘汰出局。长江集团始终坚持以诚信为本的企业理念，坚持宁可自己企业受到损失，也不能失信于客户和社会的信条。在这一坚持中，长江集团受益匪浅。

长江集团为了更好地落实贯彻这个企业理念，要求每一位员工在工作的时候对待任何人都要以诚为先。这是长江集团对自己企业员工的一个最起码的要求。例如，它要求员工在工作之中，时刻坚信"诚信立身，诚信立业，待人以诚，执事以信"；坚信一个有信用的人比起一个没有信用、懒散、乱花钱、不求上进的人，会有更多机会；坚信"在香港及世界各地做生

意，信用最重要”；坚信要别人信服，就必须付出双倍使别人信服的努力；坚信要取得别人坚信的信任，就必须作出承诺，必须经过详细的审查和考虑。这些都是长江集团的诚信企业文化中的内容，它在时刻提醒每一个员工按照这一标准去工作。

早在李嘉诚创业之初，他只不过是一个普通的“行街仔”，推销之术无人传授，全凭自己去悟。他认识到推销的实质是推销自我，只有将自己成功地推销给别人，别人才能由人及物，乐于购买你的产品。因此，对待工作，李嘉诚总是最大限度地表现自己的诚意。而且，他的诚信不仅仅只停留在表面上，更表现在他的一言一行、为人处事之中。

有一天，当他的同事们向一家即将开张的旅馆推销铁桶失败后，大家一致推荐李嘉诚去试一试。李嘉诚不愿放弃这一难得的自我挑战机会，毅然应允。

李嘉诚并没有急于去见那位老板，而是找机会与旅馆的一个职员套近乎。没多久，便与那位职员聊得十分投机。两人似有相见恨晚的感觉，在与那位职员的交往中两人成了无话不谈的好朋友。在数次与这位职员的交谈之中，他了解到了许多有关这家旅馆老板的情况，其中有一件事引起了李嘉诚的特别注意。

原来，这位老板中年得子，特别疼爱他的儿子。所以，平时他都是尽可能地去满足儿子提出来的每一个要求。这位老板自己的旅馆马上就要开张，事情冗杂而且繁多，而他儿子却整天缠着要去看赛马，可他根本没有时间去满足儿子的这一个愿望。言者无意，听者有心。此时，李嘉诚感觉他已经找到了此次工作的方向了。

找到方向之后，李嘉诚创造机会，自掏腰包带老板的儿子去快活谷马场看赛马。在跑马场上，老板的儿子兴高采烈，十分开心，回家后仍非常兴奋地向父母讲起当时在跑马场上看到

赛马时的激动的情形。

李嘉诚终于通过这一次的举动感动了这位老板。老板看到自己的儿子从来没有如此开心过，自己自然也跟着心情十分愉悦。为了感谢李嘉诚，再加上李嘉诚对产品多次耐心的介绍，这个老板终于从他手中买下了380只铁桶。

李嘉诚这次充满真诚的推销行动，让他为自己的企业获得了一笔不小的利润，也使他自己受到了其他同事以及老板的认可。是诚意使他实现了企业与个人的双赢。

勤俭敬业为创业第一要素，诚信为做人处事的基础。很多企业都明白这个道理，但在诚信与利益发生冲突时，却往往不能坚持，或者心中的杠杆早无意中偏向了利益一端。这样虽然暂时得到了一定的利益；但是带来的后果却是十分严重的，因为每个企业的发展和壮大都是靠员工的忠诚来维持的。如果所有的员工对公司都不忠诚，那么等待企业的只有一条路——破产，而那些不忠诚的员工也会尝到自己种下的苦果——失业。

将诚信落到实处和极处

诚信是一枚凝重的砝码，放上它，生命不再摇摆不定，天平立即稳稳地倾向一端。有效的诚信管理制度是现代世界市场经济运行的重要基础，它能够降低交易双方信息不对称的程度，给失信者以有力的惩罚：将企业或个人的失信记录列入“黑名单”，向全社会乃至全世界公示，使其丑名远播，人人避之不

及；它能给诚信者以实在的奖励，将长期诚信经营的企业的美名广泛传播，从而使更多的企业原意与之交易，使其获得更大的合作利益。李嘉诚和他的长江集团就是诚信的受益者。

有一次，香港来了一个欧洲的塑胶批发商。李嘉诚通过多方面关系，终于把他邀请到自己的公司来看产品。看过样品后，批发商对长江公司的塑胶花十分满意。这位批发商认为，长江集团的产品比意大利生产的还要好，并且经过他多日在香港与其他厂家的比较，就数长江集团的款式最为齐全、美观了。

所以，他很满意，欲与长江集团合作。批发商主动要求参观长江集团的工厂。参观时，他对在这样简陋的工厂里能生产出这么漂亮的塑胶花颇为佩服。但是，这位批发商提出了一个小小的要求：如果想要双方达成此次长久的合作，需要长江集团找到实力雄厚的公司或个人担保。然而，当时的香港是一个利益至上的社会，要想找到实力雄厚的公司为自己作担保，谈何容易啊。

李嘉诚非常想做成这份订单，但他唯一能做的，就是把最好的产品呈现给这位来自欧洲的塑胶批发商。翌日，李嘉诚拿出了 9 款他们公司精心设计出的样品。这些样品都是晚上他和设计师们通宵达旦，连夜赶出的 9 款新样品。他期待自己的诚意能打动这位批发商。

终于在批发商的脸上看到了期待的表情，李嘉诚这才稍稍松了一口气。敏锐的批发商发现李嘉诚那双熬得红肿的双眼，立刻明白了李嘉诚的用心，以及他巨大的诚意。

批发商对李嘉诚说："李先生，这 9 款样品是我所见过的最好的，我简直挑不出任何毛病。李先生，我们可以谈生意了。"

但是谈生意，就必须拿出担保人亲笔签字的信誉担保书。李嘉诚直率地告诉批发商："承蒙您对本公司样品的厚爱，我和我的设计师花费的精力和时间总算没有白费。我想您一定知道

我内心的想法，我是非常希望能与先生做生意。可我又不得不坦诚地告诉您，我实在找不到殷实的厂商为我担保，十分抱歉。”

李嘉诚又接着用自信而执著的口气继续说道：“请相信我的信誉和能力，我是一个白手起家的小业主，在同行和关系企业中有很好的信誉。我是靠自己的拼搏精神和同仁朋友的帮助，才发展到现在这种规模的。因此，我真诚地希望我们能够建立合作关系，并且是长期合作关系。尽管目前本公司的生产规模还满足不了您的要求，但我会尽最大的努力扩大生产规模。至于价格，我保证会是全香港最优惠的。我的原则是做长期生意，做大生意，薄利多销，互利互惠。”

可以说，李嘉诚将“诚”做到了实处和极处。他的这份的诚意与执著精神打动了这位批发商，他决定为李嘉诚以及他的企业打破常规。就凭着他的这种为人处事的态度，批发商决定不要担保就和长江集团合作，很快签了第一单购销合同。古人的话没错，“经商诚为本”的确应是第一准则，“诚信”不该被任何趋利的动机所超越。

人无信不立，市无信不兴，国无信不强。诚信是一道山巅的流水，能够洗尽浮华，洗尽躁动，洗尽虚假，留下启悟心灵的妙谛。随着全球市场经济的深入发展，企业信用制度的缺失已经成为阻碍社会经济发展和创建文明的绊脚石。不讲诚信者必被社会所弃，以身试法者必受法律严惩。

诚信经营，诚信工作

中兴通讯成立于1985年，属于国家重点高科技企业，是我国拥有自主知识产权的通信设备制造业的开拓者之一。它主要经营通信产品，具体包括移动、数据、光通信以及交换、接入、视讯产品等。同时，它还具备通信网建设、改造与优化一揽子解决方案的实力。

经过20多年的发展，中兴通讯这个仅仅依靠300万元起家的小公司，从最初南下的5个人创业发展到今天拥有13 000名员工——其中85%具有大学本科以上学历，研究生有3 000多人。在几年前国内外各大通信制造企业业绩全面下滑的大环境下，中兴通讯仍然能一枝独秀，成为该行业中的亮点，至今仍旧继续保持稳健增长的态势。

在艰苦的创业过程中，中兴通讯越来越意识到一套成熟的、符合自身情况的、有特色的企业文化，对企业有着深远的影响。所以，他们精心总结行业自身特点，再结合中兴通讯多年来的实际经验，总结出了一套符合自己的企业文化，其中“诚信经营，诚信工作”就是其中一个重要的企业文化。中兴通讯的员工一直这样认为：诚信是中兴通讯的立身之本，更是自己行动的第一准则。

近年来，中国市场上关于诚信的话题不断，“不诚信”的事件不时发生。毒酒、毒辣椒这样的假冒伪劣产品，股份公司做假账，基金黑幕，企业间拖欠货款，私人老板拖欠员工工资等等，不一而足。为追逐利益，各种各样的不择手段的“不诚信”行为已在很大程度上玷污了市场经济的声誉，诚信问题也已经

在社会上引起了普遍的关注。企业诚信的好坏更是每一位顾客选择这个企业产品的重要因素，也是顾客评价一个企业口碑的重要准则之一。

对此，中兴企业对诚信问题作出了明确规定：对外交往、宣传以及发布公司业绩要坚持诚信务实的原则。举一个简单的例子，中兴通讯上市至今，从不参与股票炒作，给予投资者的是长期的回报，依靠业绩增长赢得股民信任。基金大量持有中兴股票，看重的也是企业稳健经营、业绩保持持续增长带来的收益。

另外，中兴通讯十分重视企业成员之间的尊重和信任。中兴通讯在公司的管理上，实行“充分授权”的诚信文化，即：授权给下属的每一个团队，信任每一名员工，将工作的主动权交给自己的员工，给员工提供方便去为企业创造更多的利益。在中兴通讯里，各级管理者只是以“教练”的身份来指导和帮助员工实现工作目标，为公司创造利润。如果有特殊情况，如上下级观点不一致时，中兴通讯则强调要通过沟通达成共识。另外，沟通要求以倾听为基础，抱着平等、开放的心态；而且下级可以越级汇报，而上级一般不允许越级指挥。企业这样的做法使员工在企业得到了充分的信任，这样大大提高了员工工作的积极性，进而为企业创造更多的经济效益。

企业理念是企业中每个员工都认同的一种观念、一种制度。好的企业理念能调动起员工的最大能量，使员工担起自己的责任。中兴通讯把“诚信经营，诚信工作”作为企业一个重要的企业理念，要求在具体的经营管理中，乃至企业员工工作时的一言一行，都要讲究诚信。这样的企业理念，不但可以使中兴员工得到企业充分的尊重，更为中兴通讯带来了丰厚的利润。

执行力管理

打造高效的执行力

有想法就要立刻执行

一个企业执行力的强弱直接关系到企业竞争力的强弱。因此，企业之间的区别，不仅在于企业高层的战略，还在于它的政策能否执行到位。许多成功的企业早就已经清醒地认识到了这一点，并纷纷把“执行力”写进了自己的企业理念当中。日本的索尼公司就是其中一个成功的典型代表。

索尼之所以能在短短的几十年发展中始终领先全世界，开发出一项又一项突破性的产品，从半导体收音机、磁带录像技术、超小摄像机 CCD、CD 标准、电视游乐器 PS2 与机械狗 AI-

BO等，根本上是因为索尼公司认可的是这样的人：如果脑子里产生新的想法，就想立刻动手去尝试；认为尽快把东西做出来是极其有趣的事情；对自己感兴趣的事情，不追究到底是不罢休的。这样的人就是像井深大一样的狂热的技术人员。他们作为索尼公司发展力量的源泉，在比他们更加狂热坚定的井深大的带领和鼓励下，不断挑战智力极限，追求梦想。

事实上，执行力的关键就在于透过企业理念来影响企业所有员工的行为。如果企业里的每一个员工每天都能多花几分钟替企业想想如何改善工作流程，如何将工作做得更好，领导的策略自然能够彻底地执行，这就是企业理念促进执行力最直观的表现。

先进的技术对于索尼公司来说十分重要，所以索尼一向十分重视技术上的开发。索尼公司的技术人员个个都是执行力非常强的专业人士，他们每天都在不断地把脑中的一个个好想法、好创意，通过索尼培养出的良好的执行能力，转化为能为企业带来巨大利润的新产品。例如，井深大带领索尼技术人员开发特丽珑彩管，在公司接近破产边缘的情况下丝毫不肯让步，激励工程师连续几个月不知疲倦地工作，并推荐每个人都去研究曼哈顿计划的历史以从中得到有益的启示。终于，通过大家坚持不懈的研发，产品最后取得了成功。

假如你有件重要的工作要做，由于固有的习惯，你没有立即去做，但当座右铭“立即行动”进入你的头脑之后，你就会立即去执行这件事。再假定你把闹钟定在早上7：30，当闹钟响时，你睡意正浓，于是起身关掉闹钟，又回到床上去睡。这样的情况重复多次后，你就会养成早晨不按时起床的习惯。但如果你听从“立即行动”这一命令的话，你就会养成一听闹钟就立即起床的习惯。

在工作中，只有立即行动，才能把人从拖延、低效率等恶习中拯救出来，才能使这些恶习立即消失。面对成堆的工作，一个优秀的员工会立即开始行动，因为他明白立即行动起来的重要性。当“想到就付诸行动”成为一个人的工作习惯时，这个人也就掌握了进取的主动权。无论做什么事，只要想到就去做，就没有达不到的目的。索尼的每一位员工都时刻铭记执行力的重要性，一旦有好的想法，就自觉努力地实现它。拥有具有这样高效执行力的员工的企业，势必会取得一个又一个的辉煌业绩。

凡事都要做了才能得出结果

在索尼公司，对问题和困难有一个普遍认同的看法：不试干是不知道结果的。索尼公司的这个看法可以这样理解：任何一个员工和企业如果不立即行动，一切理想和设想都毫无价值，计划渺如尘埃，目标也不可能达到。所以，一次行动胜于百遍胡思乱想，没有行动就没有效率。行动本身会增强信心，不行动只会带来恐惧。梦想是效率的起跑线，决心是起跑的枪声。

为了推广高效的执行力，索尼常常将有一定难度的工作直接派给新职员去做，并且也不会事先对工作方法作出详细说明；接收工作的新职员只能靠自己，边学习边干，遇到问题了再向上司和同事请教。这样的方式往往激励新员工拼命努力工作，并且培养出敢于尝试的精神，为他们提供了锻炼出高效执行力的机会。

无论什么样的结果，都只会在真正行动之后才出现：这是

每一个索尼的员工在面对自己从来没有做过的工作时牢牢记住的一点。只有这样，员工才会积累起真正的勇气去面对一切困难，从而获得在别人或者自己看来不可能的一切。

没有任何人可以未卜先知，没有任何人可以完全预测行动的结果，更没有任何人可以在行动之前说你一定失败。因为无论什么样的结果，只会在行动之后出现。而当你勇敢地行动起来时，这样的结果往往将变成你自己与公司的一次新的成功。

另外，索尼公司绝不会因为一两次的失败就不重用某一个员工，这个人也不会因为失败而被追究责任和遭到周围人的责备；并且即使以前有人失败了，此人说想再试试的时候，索尼还是会让他们干。对于敢于尝试和挑战失败的员工，索尼的看法是：有些事情以前失败了，现在却有可能成功。更重要的是，对员工想干的事情予以否决，那么弟子就永远不会超过老师。弟子超不过老师，企业就不会进步。在这种尝试中，失败的事情不少，可意外成功的案例也很多。

例如，当诺贝尔决定要研制新的烈性炸药时，没有任何人相信他。当诺贝尔的弟弟在试验中丧生时，大家都一致预言，如果诺贝尔不选择放弃的话，他最终的结果只能是将自己炸死。勇敢者相信的永远只能是现实，诺贝尔选择了抛弃害怕、犹豫，让行动来促成结果的出现。最后，他成为了黄色炸药的伟大发明者。

整天只想而不付诸行动的人最终只能沦为空想家。想在工作中得到晋升的员工，只有一步步往上爬。成功好比一把梯子，那些把双手插在口袋里的人是永远也爬不上去的。爱默生曾说："敢于去做，你就会拥有力量。"当我们为自己确立了一个具体的目标，明确了应付出的努力，而且制订了达到目标的期限，一切都经过深思熟虑时，我们所需要的就是"立刻着手行动"。很多一生一事无成的人，也并不完全是没有上进心。他们也有

干一番大事业的勇气，只是犹豫不前，只有想法没有行动。到后来各种外部条件强迫他去干的时候，他又不知从何下手了。因此，凡事只要想做，就要立即行动。

索尼公司的案例告诉我们，成功的秘诀就是行动、立即行动！一旦确定了要干什么，就要立即行动起来，这样才能实现自己预定的目标。凯特林雷曾这样说：“如果你光说不动，自然不会伤到脚趾。你走得越快，伤到脚趾的可能性越大；但是同样的，达到某个境界的机会也就越大。”

执行力是企业竞争力的核心，是把企业战略、规划转化成效益、成果的关键，因为再好的战略和策略也只有成功执行后才能够显示出价值。

执行就是要坚持到底

大多数优秀的企业都有一种强烈的执行力。他们注重承诺，有责任心，强调结果导向，这一切都是执行力理念的具体表现。然而，执行文化的核心在于转变企业员工的行为，使员工能够切实地把企业的战略、目标和计划落实到本职岗位与日常工作之中。

美国心理学家斯金纳提出的强化理论认为，人的行为是对其所获刺激的一种反应。如果刺激对他有利，他的行为就有可能重复出现；若刺激对他不利，则他的行为就可能减弱，甚至消失。索尼的一些高层管理人员，例如井深大、盛田昭夫、岩间等，他们首先以身作则；只要是他们认为能够促进企业发展

的事，他们就会一如既往，毫不退缩，不论遇到什么困难，不论多么辛苦忙碌，都乐观、饶有兴趣地坚持执行。他们是索尼员工心中的英雄。正是他们毫不妥协、不断追求的意志使他们赢得了成功。

索尼能拥有今天的成绩，除了有井深大、盛田昭夫这样榜样式的领袖人物，与索尼每一个员工不放弃的执行力也是分不开的。早在1977年，索尼公司就成立了"80项目组"，主要是为了开发80年代新型的摄像机。经过索尼人坚持不懈的研究，在1980年初明确了录音、录像一体的目标。开发小组成员的梦想是：如果能在旅游的时候带着它到处走就好了。1980年底，开发小组做出了样机——8毫米摄像机；5年以后，也就是1985年，索尼才开始出售录放一体的摄录像机。但这个来之不易的成果并非意味着实现了他们"带着录像机去旅游"的梦想，因为同行很快开发出了更加轻便的摄像机。面对这种情况，开发人员毫不气馁。1988年，"梦想中的8毫米摄像机"诞生，他们终于获得成功。到了1989年，索尼开始出售"护照尺寸"的便携摄像机。这一结果，与其说是实现了公司的梦想，不如说是实现了开发人员的梦想，完成了他们对自己的挑战。虽然开发过程周期太长，开发组赤字不断，但公司却表示：不能因为贫穷就变得迟钝，也不能因为赤字就削减必要的经费。在索尼，8毫米摄像机从开发到出售，花费了10年以上的时间，而其他产品如CD、MID也都是长年累月研究的结果，是开发人员的执行力发挥的巨大作用。

实现目标的唯一途径就是行动。如果你不采取坚持到底的行动，即使成功的果实就在你眼前，你也摘不到。英国前首相本杰明·狄斯累利曾指出：虽然行动不一定能带来令人满意的结果，但不采取行动却是绝无满意的结果的。做了，你就有可能成功；不做，你永远不可能成功。盛田对索尼企业文化中不

放弃精神的重要性也作了这样的总结：在管理中，所有的目标都由必要性和必然性来决定。

正如一位哲人所说："现实是此岸，理想是彼岸，中间隔着一条湍急的河流，行动便是架在河上的桥梁。"播下一个行动，你将收获一种习惯；播下一个习惯，你将收获一种命运。只有切实地行动起来才会有获得成功的可能。

因此，哪怕是企业面临绝对不可能实现的目标时，员工们也要抱着没什么了不起的淡然态度。对于一个企业来说，贯彻到底的执行力是非常有必要的。在这种文化影响下，索尼的员工在工作中每时每刻都记住这句话："执行就是要坚持到底！"只要想做，只要是正确的事，就立即去做！这是一个既平凡又伟大的行为准则，它是优秀员工必备的心理素质之一。它不仅体现了索尼员工积极的心态和对高效率工作的追求，也体现了索尼人的热情、勇气、事业心和务实精神。

无论是企业还是员工，如果你坚信自己的观点是正确的，你就要做你想做的事，去你想去的地方，过你想过的生活。一定要坚定这样的信念：我一定要成功！我一定要实现目标！然后采取积极有效的行动，坚持到底，绝不半途而废！

成功属于永不泄气的人，没有成功的人正是缺乏这种永不泄气的精神。他们总是欲望强烈而意志脆弱，所以，遇到不利于自己的局势，就会听凭脆弱的意志摆弄，直到他所追求的目标成为记忆中一个遥远的影子。在追求成功的道路上，他们往往就少走那么几步，结果成功只能属于别人。所以，成功与否，在于这个企业或者企业的员工能否坚持到最后一刻。如果能坚持，成功就不远了！

要有坚定的执行力

在沃尔玛公司的经营中，沃尔玛始终坚持强调执行力的文化，同时也要求公司的每一个员工在自己的工作中、在面对任何事情时，都一如既往地保持坚定的执行力。沃尔玛认为只有一个企业以及企业里的每一个员工拥有了这种坚定、高效的执行力，企业的发展才能够更快、更好、更强。

沃尔玛不但把执行力作为企业一个重要的理念之一，更把执行力切实落实到了企业经营以及每一个员工的工作之中。例如，沃尔玛一贯采取简单而鲜明的成本领先战略：降低成本、让利、让顾客满意。沃尔玛为了实现这一战略效果，实行了一些强有力的实施策略，而且始终坚持如一，持之以恒；经受住了许多市场机会带来的诱惑的考验，没有被短期的投资和收益困扰。这铸造了沃尔玛今日在广大顾客中不可替代的心理地位。

由此可见，企业员工的执行力对企业的发展和经营管理有着至关重要的作用。世界每时每刻都在飞速地发展，企业间的竞争也日趋激烈，企业员工的文化水平和综合素质也要不断提高。如何增强企业员工自身的执行力，这对每一个员工都提出了新的挑战。

过去大多数员工只是一味机械、僵硬、低效地执行企业交给的工作，这样的员工已经不再适应企业以及社会的发展需要了。越来越多的企业开始推行执行的企业文化，用力量和非行政的手段对员工进行管理，实现了管理员工由“身”到“心”。这样一来，不但为企业凝聚了更大的执行力，也为企业员工养成高效的执行力打下了坚实的基础。

在很多时候，企业只树立鲜明的执行理念还是远远不够的，还必须保证企业员工的执行力是坚定、高效的，这才能发挥执行力的最大威力，才能真正促进企业的发展。

沃尔玛公司恰恰意识到了执行力的重要作用，在自己企业的经营和员工的工作中，一直把坚定的执行力看做十分重要的一项企业方针去执行，大大地推动了自身的迅猛发展。

执行力直接关乎成败

海信集团作为国内一家大型专业电子信息产业集团，实力十分雄厚。海信在发展过程中，始终十分注重建立一个优秀、完善的企业文化，来指导自身和员工更好地发展。2003 年，海信集团实现销售收入 221 亿元，增长 14.5%。海信集团董事长周厚健认为，海信之所以能在 2003 年取得这样可观的业绩，与其说成功在决策上，不如说成功在执行力上。

周厚健曾经这样评价过企业执行力的重要性："我们在企业内部进一步强调执行力，并将'强化执行力度'作为 2004 年海信集团的经营方针之一。因为我们认识到，海信目前急需解决的问题是执行力问题。从海信这几年的企业运行看，我们的成败都和执行紧密相关。'成'在坚定地执行了方针，'败'在背离了方针。"

许多国内外的优秀企业家也都十分看重企业的执行力的巨大重要性，他们对此都有自己的一套经验。例如，比尔·盖茨

也曾坦言：“微软在未来十年内，所面临的挑战就是执行力。”思科（Cisco）全球副总裁林正刚曾经说过，Cisco的成功之处并不在于技术，而在于执行力。从这些国际型的大企业的经验来看，优秀的执行力可以让企业在激烈的市场竞争中脱颖而出，让企业的业绩蒸蒸日上。

海信集团董事长周厚健就企业执行力曾举过这样一个例子：

某一个大型国有企业因为经营不善导致破产，后来被日本一家财团收购。厂里的人都在翘首盼望日本人带来先进技术和管理经验。出乎意料的是，日本只派了几个人来，就提出一个要求：把先前制订的制度坚定不移地执行下去。结果不到一年，企业就扭亏为盈了。日本企业的绝招是什么？仍然是执行力，无条件的执行力。而这也正是国内很多企业包括海信所缺少的。

海信集团在执行力方面有严格要求，不论是普通员工还是企业里的管理干部，都是如此。海信集团董事长周厚健这样说过：“我对海信的管理干部提出了两种能力的要求——一是灌输思想的能力，一是贯彻行为的能力。这两个能力缺一不可，否则我们的许多宏伟规划只能是空想。”

我们可以从海信集团最高领导者的身上看出企业执行力在海信集团里得到了很高的重视。同样，执行力也帮助海信集团和员工获得了显著的成绩。

周厚健曾经说过这样一段话：“从某种意义上讲，企业就是一个执行的团队，这个团队的执行力分解到个人就是执行。好的执行简而言之就是‘全心全意、立即行动’。不能做到这一点，就不可能有好的执行；我们的团队就不可能有好的执行力，就不是好的团队。”

企业执行力的强弱关键还要看企业每一个员工执行力的强弱。只有每一个员工的执行力提高了，企业整体团队

的执行力才能够足够支撑起企业未来的发展。如果企业的员工都是没有执行力的人，那么企业就会失去长久生存和成功的必要条件，企业的员工同样也不会得到长远的发展。

参考书目

1. 张爽．微软 360 度——企业和文化．北京：电子工业出版社，2007.

2. 刘光明．企业文化案例．北京：经济管理出版社，2007.

3. 王超逸．中外企业文化理念大全．北京：中国经济出版社，2007.

4. 欧庭高，等．企业文化与技术创新．北京：清华大学出版社，2007.

5. 刘明，等．联想：文化缔造传奇．北京：中信出版社，2004.

6. 范军，张琪．百年的人性关怀——通用电气．北京：中国工商联出版社，2004.

7. 董薇，宋慧敏．索尼：梦·愉·创．北京：中国人民大学出版社，2005.

8. 吴洁云，赵阳阳．麦当劳：温情征服世界．北京：中信出版社，2004.